Dieter Jauch

Goldfische und Kois

in Aquarium und Gartenteich

Experten-Rat für Anschaffung,
Pflege, Fütterung und Gesunderhaltung
Sonderteil: Grundlagen der Goldfisch-Zucht

Mit Farbfotos von Burkard Kahl
und Zeichnungen von Fritz W. Köhler

GU GRÄFE UND UNZER

Die Farbfotos auf dem Buchumschlag zeigen:
Umschlagvorderseite: Zwei Sarasa Oranda.
Umschlagseite 2: Farbkarpfen: Platinum Ohgon, Hi-Mizuho Ohgon, Kohaku, Taisho Sanshoku, Tancho Sanshoku, Ohgon, Kin Matsuba, Kohaku Ginrin, Shiro Bekko Ginrin (im Uhrzeigersinn); Hi-Utsuri (links außen und rechts oben).
Umschlagseite 3: Deutscher »Japan-Teich«.
Umschlagrückseite: Zweifarbiger Zierkarpfen: Kohaku

Der Fotograf: Burkhard Kahl

5. Auflage 1993;
inhaltlich unveränderte Ausgabe der 3. Auflage
© 1988 Gräfe und Unzer Verlag GmbH, München
Alle Rechte vorbehalten. Nachdruck, auch auszugsweise, sowie Verbreitung durch Film, Funk und Fernsehen, durch fotomechanische Wiedergabe, Tonträger und Datenverarbeitungssysteme jeder Art nur mit schriftlicher Genehmigung des Verlags
Redaktionsleitung: Hans Scherz
Redaktion: Renate Weinberger
Lektorat: Katrin Behrend
Herstellung: Johannes Schmidt-Thomé
Umschlaggestaltung: Heinz Kraxenberger
Druck des Textteils:
Buch- und Offsetdruckerei Wagner GmbH
Druck der Farbtafeln und des Umschlags:
Graphische Anstalt E. Wartelsteiner
Bindung: R. Oldenbourg

ISBN 3-7742-2607-5

Der Autor
Dr. Dieter Jauch ist Fischbiologe, Leiter des Aquariums der Wilhelma in Stuttgart und Spezialist für die Haltung und Zucht von Goldfischen und Kois.

Hinweis und Warnung
In diesem Buch sind elektrische Geräte für die Aquarien- und Teichpflege beschrieben. Beachten Sie unbedingt die Hinweise auf Seite 11 und 12, da andernfalls schwerwiegende Unfälle passieren können.
Prüfen Sie vor der Anschaffung eines großen Aquariums die Belastbarkeit des Fußbodens in Ihrer Wohnung an dem vorgesehenen Standort ($\rightarrow$ Seite 11).
Wasserschäden durch Glasbruch, Überlaufen oder Leckwerden des Aquariums können nicht immer vermieden werden. Schließen Sie daher unbedingt eine Versicherung ab ($\rightarrow$ Seite 11).
Um sich und andere vor Schaden zu bewahren, sollten Sie Ihren Teich ausreichend sichern (mit Schutzzaun oder -gitter), wenn kleine Kinder in Ihrem Haushalt leben oder wenn der Teich in einem nicht eingezäunten Gartengelände liegt. Der Abschluß einer Haftpflichtversicherung, die sich auch auf den Teich bezieht, ist sehr zu empfehlen. Jeder Gartenteichbesitzer muß dafür sorgen, daß kein Wasser – weder unter- noch oberirdisch – aufs Nachbargrundstück gelangen kann. Kontrollieren Sie deshalb regelmäßig die Wasserleitung, und führen Sie Wasserwechsel oder Teichentleerung so durch, daß Nachbargrundstücke nicht beeinträchtigt werden.
Achten Sie streng darauf, daß Kinder Aquarien- oder Teichpflanzen nicht essen. Es können erhebliche gesundheitliche Schäden eintreten.
Fischmedikamente sind unbedingt vor Kindern zu sichern.

Inhalt

Ein Wort zuvor

Die ersten Goldfische wurden vor etwa 1000 Jahren in China gezüchtet. Die erste Zucht der Kois in Japan liegt sogar schon 2000 Jahre zurück. Über die Jahrhunderte hinweg sind sowohl bei den Goldfischen als auch bei den Kois, die auch Zier- oder Farbkarpfen genannt werden, die faszinierendsten Zuchtformen entstanden.

Heute gibt es Goldfische in allen Ländern der Erde, bei uns haben sie sogar seit einiger Zeit einen neuen Siegeszug in Aquarien und Gartenteiche angetreten. Auch die Koihaltung findet bei uns und weltweit immer mehr Anhänger. Angesichts der Vielfalt der Goldfischformen und der vielen prächtigen Farben der Kois wird für den Liebhaber dieser Fische die Wahl zur Qual. Und oft entscheidet er sich nach dem Motto »Je mehr Fische, desto schöner sind Teich oder Aquarium«. Leider geht das meist nicht gut, es macht sich dann allzu schnell bemerkbar, daß die Begeisterung für die Schönheit der Fische nicht ausreicht, um sie erfolgreich zu halten.

Goldfische und Kois sind zwar genügsame Pfleglinge und mit einer bescheidenen Unterkunft zufrieden, dennoch sollte vor allem der Anfänger über die grundlegenden Dinge der artgerechten Haltung Bescheid wissen. Nur so vermeidet er Fehlentscheidungen und Pflegefehler und hat wirklich lange Freude an seinen Fischen. Goldfische können immerhin mehr als 10 Jahre alt werden, Kois sogar über 20 Jahre.

Der Autor, Dr. Dieter Jauch, Leiter des Aquariums in der Wilhelma Stuttgart und Spezialist für die Haltung und Zucht von Goldfischen und Kois, hat in diesem GU Ratgeber seine langjährigen Erfahrungen eingebracht. Leicht verständlich – auch für Anfänger – gibt er Rat und Anleitung für die artgerechte Haltung, und er informiert über das Einrichten eines Aquariums und die Anlage eines Teichs speziell für Goldfische und Kois, angefangen bei Größe und Standort, über die technische Ausrüstung bis hin zu den notwendigen Pflegemaßnahmen. Kurzbeschreibungen und Abbildungen von geeigneten Wasserpflanzen für Aquarium und Teich helfen bei der Einrichtung einer miteinander harmonierenden Fisch- und Pflanzengesellschaft. Die in der Praxis erprobten Ratschläge für die richtige Auswahl und den Kauf der Fische, für Einsetzen und Eingewöhnung, Futter und Fütterung sowie fürs Erkennen und Behandeln von Krankheiten helfen, Goldfische und Kois von Anfang an artgerecht zu pflegen. Das Kapitel »Fische verstehen lernen« vermittelt zusätzliches Wissen um die typischen Eigenheiten und Bedürfnisse von Goldfischen und Kois.

Mit den Grundlagen der Goldfischzucht befaßt sich der Sonderteil dieses GU Ratgebers. Hier gibt der Fischbiologe Dieter Jauch Einblick in die jahrhundertealte Tradition der Goldfischzucht und führt den Goldfischliebhaber in die »Geheimnisse« der erfolgreichen Zucht von wunderschönen Goldfischformen ein.

Am Ende des Buches werden die beliebtesten Goldfischrassen ausführlich vorgestellt, dazu eine Auswahl von Kois. Die Beschreibungen der Goldfischrassen enthalten Angaben über Herkunft, Körperbau, Flossenform, Färbung und Haltung. Die Kois werden mit ihren japanischen Namen benannt und ihre Farbschläge beschrieben.

Die schönsten und attraktivsten Zuchtformen der Goldfische und Kois sind in erstklassigen Farbfotos abgebildet – alle speziell für diesen GU Ratgeber aufgenommen.

Autor und Verlag danken allen, die an diesem Buch mitgearbeitet haben; dem Fotografen Burkard Kahl für seine prachtvollen Farbfotos und dem Zeichner Fritz W. Köhler für die informativen Zeichnungen; dem Zoofachhändler Peter Stadelmann für seinen fachmännischen Rat sowie der Wilhelma Stuttgart und der Goldfischzüchterei Robert Hilble für die Fotografiererlaubnis.

Wissenswertes über Goldfische und Kois

Die Entstehung des Goldfisches und seiner Rassen

Die Geschichte des Goldfisches reicht gute tausend Jahre zurück. Seine Stammform ist die Silberkarausche, der Giebel *(Carassius auratus gibelio)*, ein Karpfenfisch, der in Ostasien zuhause ist. Die Silberkarausche ist nahe mit unserer einheimischen Karausche *(Carassius carassius)* verwandt. Da bei der Silberkarausche immer wieder goldgelbe oder sogar orangefarbene Exemplare auftreten, wurden diese auffallend gefärbten Fische in Südchina schon früh in Teichen gezüchtet. Daraus entstand der gewöhnliche Goldfisch *(Carassius auratus auratus)*, der »Stammvater« aller Goldfischrassen.

Der goldene »Chi«: Bereits zwischen 968 und 975 n. Chr. gibt es Berichte über den goldenen »Chi«, wie die Wildform (die »goldenen« Silberkarauschen) in China genannt wird. Damals pflegte der Gouverneur Ting Yen-Tsan aus der Provinz Chekiang goldene und gelbe »Chi« in einem Weiher außerhalb der Stadt Kiasching. Damit seine goldenen Fische nicht im Kochtopf landeten, stellte der Beamte sie unter Schutz und nannte den Goldfischteich den »Teich zur Emanzipation der Tiere«. Im übrigen leeres Gerede, denn alle anderen in dem Teich lebenden Fische durften weiterhin gefangen werden. Auch buddhistische Mönche legten Goldfischteiche an, so zum Beispiel an der Luho-Pagode von Hangtschou.

Damals lebten diese Goldfische in ihren Teichen noch halbwild; sie wurden gefüttert, aber sonst nicht weiter versorgt und hatten wohl auch alle die gleiche goldene Farbe. Doch schon etwa fünfzig Jahre später werden verschiedene Rotfärbungen beschrieben, vom »Rosa der Pflaumenblüte« bis zum »Fleischrot des Kranichhöckers«.

Beginn der gezielten Zucht: Ab der Mitte des 12. Jahrhunderts hielt man Goldfische in eigens für sie geschaffenen Teichen, zunächst nur der Kaiser und die Feudalherren, dann aber auch bald reiche Bürger. Damit begann die gezielte Zucht und die Haustierwerdung, die Domestikation.

In dieser Zeit bildete sich der weiße und der gefleckte Goldfisch heraus. 1189 wird zum ersten Mal ein mehrfarbiges Exemplar erwähnt. Nachdem man dazu übergegangen war, Goldfische auch in großen irdenen Kübeln zu pflegen, nahm die Goldfischliebhaberei einen ungeheuren Aufschwung. Die Haltung in undurchsichtigen engen Gefäßen veranlaßte die Züchter, speziell solche Merkmale herauszuzüchten, die den Schauwert von oben erhöhten. In der Zeit von etwa 1547 bis 1643 entstanden zahlreiche Goldfischformen: hervortretende Augen, gestauchte Körper, wallende, verdoppelte Schwanzflossen und Auswüchse am Kopf.

Vor tausend Jahren begannen die Chinesen mit der Goldfischzucht. So entstand aus der Stammform Silberkarausche die Zuchtform Schleierschwanz.

Weltweite Verbreitung: Vermutlich im Jahr 1502 sind Goldfische mit einem chinesischen Reisenden nach Japan gelangt. Zwischen 1700 und 1710 entstanden die ersten japanischen Spezialzüchtereien, und im Laufe der Zeit hat Japan unter den goldfischexportierenden Ländern sogar die Spitzenposition eingenommen.

Heute gibt es Goldfische in aller Welt. England und Portugal machten den Anfang, dann folgte Holland, und um 1780 brachte der preußische Botschafter in den Niederlanden, Graf von Heyden, die ersten Goldfische nach Berlin.

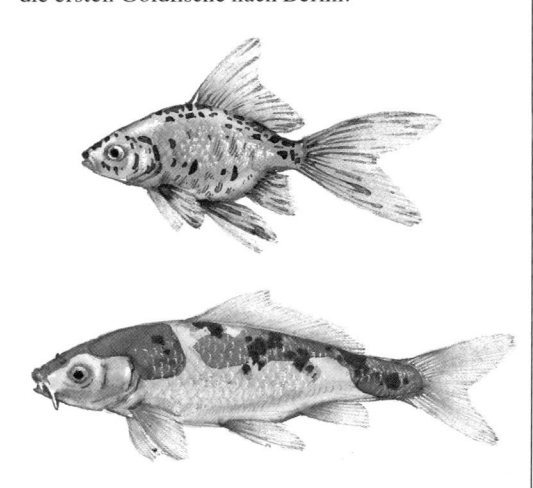

Goldfische und Kois fallen wegen ihres prächtigen Farbenreichtums gleichermaßen ins Auge. Der Shubunkin (oben) ist bei weißer Grundfarbe rot, gelb, schwarz und grau gefleckt; der Kohaku (unten) trägt auf weißem Grund intensive rote Flecken.

Bei uns erlebte die Goldfischzucht ihren Höhepunkt etwa zwischen 1870 und 1930. Schleierschwänze und andere Hochzuchtformen (→ Seite 50) wurden erfolgreich gezüchtet. Diese Periode war auch in der Goldfisch-Heimat China eine neue Blütezeit. Dort entstanden zum Beispiel Löwenkopf, Drachenauge, Perlschupper und Blasenauge. Dann wurden die Goldfische durch die immer mehr importierten Zierfische aus Afrika, Asien und Südamerika verdrängt. Lange Zeit hat man sie sehr geringschätzig behandelt, doch in den letzten Jahren erlebte die Goldfischpflege eine wahre Renaissance. Inzwischen erkannte man, daß dieser Fisch ein Jahrtausend Zuchtbemühung darstellt und als ein echtes Haustier unter den Fi-

schen anzusehen ist, dessen munteres Wesen, Formen- und Farbenreichtum immer mehr Liebhaber finden.

Wie der Koi entstand

Die Geschichte des Koi (auch Zier- oder Farbkarpfen genannt) beginnt vor über zweitausend Jahren in Japan. Stammvater ist der wilde Schuppenkarpfen, ein im Vergleich zu dem heutigen als Speisefisch verwendeten Karpfen schlanker Fisch. Im Aussehen ähnelt er stark der Silberkarausche, besitzt aber auf jeder Seite ein paar Barteln an der Oberlippe. Aus ihm wurden etwa 1000 n. Chr. die ersten einfarbigen Zierkarpfen gezüchtet. Die Japaner, die als große Gartenliebhaber Tiere suchten, die wegen auffallender Farben für ihre Teiche geeignet waren, wählten nun für die Zucht helle Farbschläge des Karpfens aus.

Wie beim Goldfisch in China, blieb die Haltung von Zierkarpfen oder »Nishikigoi« in Japan lange Zeit ein Privileg des Adels. Erst während der Momoyama-Ära (1582 bis 1598) wurde die Koi-Haltung populär. Die Zahl der verschiedenen Zierkarpfen-Typen blieb aber bis zum Beginn unseres Jahrhunderts sehr klein. Etwa um 1912, dem Beginn der Taisho-Ära, erlebte die Zucht von Zierkarpfen in Japan eine stürmische Entwicklung; seither sind viele faszinierend schöne Varietäten entstanden.

Nach dem Zweiten Weltkrieg gelangten Kois auch nach Deutschland, wo sie zunächst nur wenig Freunde fanden, da sie für die Aquarienhaltung zu groß werden. Doch seitdem immer mehr Garten- und Naturfreunde einen Teich anlegen, werden auch Zierkarpfen bei uns so populär, wie sie es in England und den Vereinigten Staaten schon lange sind.

Ratschläge für den Fischkauf

Überlegungen vor der Anschaffung

Wer sich ein Heimtier anschaffen möchte, muß wissen, welche Verantwortung er übernimmt. Die Haltung von Goldfischen und Kois in Aquarium oder Gartenteich sollte deshalb vorher genau durchdacht werden.

Zeitaufwand: Fische sind zwar sehr genügsam, brauchen jedoch ein gewisses Maß an Pflege. Ein schmuddeliges Aquarium oder ein verschmutzter Gartenteich gefährdet die Gesundheit der Fische. Bei grober Vernachlässigung Ihrer Fürsorgepflicht können Sie sogar mit dem Tierschutzgesetz in Konflikt geraten.

Ein 200-l-Becken erfordert täglich mindestens 15 Minuten für Fütterung und Kontrolle der Fische. Einmal pro Woche kommen noch zwei bis drei Stunden für die Reinigung des Beckens und ein gelegentlicher Filterwechsel dazu.

Wollen Sie Fische züchten, können Sie den genannten Zeitaufwand glatt verdreifachen und die laufenden Kosten wenigstens verdoppeln. Bedenken Sie bitte auch, daß Sie sich für längere Zeit verpflichten; Goldfische und Schleierschwänze können zehn Jahre alt werden und mehr. Bei Farbkarpfen in einem Gartenteich haben Sie sich – falls alles glatt geht – auf wenigstens zwanzig Jahre einzustellen.

Finanzieller Aufwand: Neben den Anschaffungskosten für ein gut eingerichtetes 200-l-Becken (→ Seite 11 bis 13) entstehen Aufwendungen für Betrieb, Fütterung und natürlich für Fische und Pflanzen.

Die Anlage eines Gartenteiches für Goldfische oder Kois ist zu Beginn noch kostspieliger, erfordert jedoch danach nur mehr einen Teil der Kosten; dafür brauchen Sie unter Umständen für die Fische eine Überwinterungsmöglichkeit im Haus (→ Seite 21). Bedenken Sie: Für die artgerechte Haltung von Kois kommen Sie ohne Gartenteich nicht aus (→ Seite 17).

Urlaubsvertretung: Ein paar Urlaubstage lassen sich noch ohne Vertretung überbrücken (dabei leisten Futterautomaten gute Dienste), aber bei einer längeren Urlaubsreise sollten Sie dafür sorgen, daß Freunde, Nachbarn oder Verwandte zuverlässig die Pflege und Fütterung der Fische übernehmen, wenigstens alle zwei, drei Tage.

Regeln für den Kauf

Fische kauft man am besten im Zoofachhandel oder in der Zoofachabteilung großer Kaufhäuser. Dort finden Sie in der Regel gepflegte Zierfischverkaufsanlagen. Dennoch sollten Sie die folgenden Regeln kennen, die für den Kauf gesunder Fische wichtig sind.

Regel 1: Ein Fisch fühlt sich nur in sauberem Wasser wohl.

Sind die Verkaufsbecken schmutzig, voller Exkremente, und die Scheiben total veralgt, ist das Aquarienwasser eine trübe, stark riechende Brühe, können Sie fast sicher sein, daß die angebotenen Fische nicht gut gepflegt sind und häufig den Tod schon in sich tragen. Es versteht sich von selbst, daß Sie Ihre Fische in solchen Geschäften nicht kaufen sollten.

Regel 2: Nur ein munterer Fisch ist auch ein gesunder Fisch.

Wenn in einem großen Becken mit vielen Fischen ein oder zwei magere darunter sind, ist das nicht weiter schlimm. Kümmerlinge gibt es immer wieder. Sind aber zahlreiche Fische schlecht ernährt und schwimmen mit eingefallenem Bauch herum, deutet das auf eine Krankheit hin (→ Seite 27). Hinzukommt, daß Fische mit schlechtem Allgemeinzustand anfällig für Infektionen sind und durch Transportstreß und Umsetzen in ein neues Becken unter Umständen krank werden können.

Fische, die ruhig im Becken schwimmen, neugierig sind und Appetit zeigen, fühlen sich normalerweise wohl. Die Fische auf Wunsch des Kunden zu füttern macht kaum ein Händler. Dadurch wäre das Wasser bald verdorben. Außerdem sind die Fische an Fütterungs- und Ruhezeiten gewöhnt.

Regel 3: Nur Fische ohne Krankheitszeichen kaufen.

Also Hände weg von Fischen, die eine Deformation aufweisen, zum Beispiel gekrümmte Wirbelsäule oder schlechte Beflossung.

Weitere Krankheitszeichen sind

- Flossenklemmen;
- Scheuern an Steinen, Pflanzen, Wänden oder dem Beckenboden;
- Weiße, wattebauschartige Beläge, weiße Hautbeläge, weiße Pünktchen – mit Ausnahme der Brunftknötchen, das ist der Hochzeitsausschlag;
- dunkel umrandete, blutige Geschwüre;
- aufgetriebene Bäuche mit abstehenden Schuppen. Fische, die taumelnd schwimmen, sind meist Todeskandidaten.

Regel 4: Nur Fische mit makelloser Farbe und Körperform sind gute Zuchtfische.

Die Goldfischrassen und Kois sind Zuchtformen. Wie bei Hunden, Katzen oder Kanarienvögeln gibt es Tiere, die den Idealvorstellungen des jeweiligen Typs nahekommen, und solche, die davon stark abweichen. Kaufen Sie nur Fische, die den beschriebenen Merkmalen möglichst entsprechen. Leider ist die Qualität des Angebots häufig nicht zufriedenstellend. Goldfischliebhaberei und Zierkarpfenhaltung sind in Deutschland noch nicht so ausgeprägt wie in England und den USA, von den Ursprungsländern ganz zu schweigen. Gute Schleierschwänze und Farbkarpfen haben ihren Preis, bei Billigangeboten wird der Standard von England und den USA nicht erreicht. Am preiswertesten sind Jungtiere, für deren Beurteilung man aber einen Blick braucht. Sie haben dann auch die Freude, die Entwicklung Ihrer Fische mitverfolgen zu können.

Heimtransport

Für den Heimtransport werden die Fische vom Zoofachhändler in einen Polyäthylenbeutel gesetzt, in den Wasser gefüllt wird. Danach wird oben die Luft herausgepreßt und mit einem Schlauch Sauerstoff hineingeblasen. Für Jungfische genügt ein einfacher Beutel, für größere Tiere sollten zur Vorsicht zwei Plastikbeutel inein-

andergesteckt und getrennt verschlossen werden. Sind sie längere Zeit unterwegs, sollte der Beutel mit $\frac{1}{3}$ Wasser und $\frac{2}{3}$ Sauerstoff gefüllt werden. Es empfiehlt sich, kostbare oder größere Tiere einzeln zu verpacken. In einem Karton, etwa mit alten Zeitungen gefüttert, ist ein Transport von einigen Stunden Dauer problemlos.

Einsetzen und Quarantäne

Legen Sie den geschlossenen Beutel zum Temperaturausgleich zunächst etwa 15 Minuten lang ins Aquarium, in den Teich oder ins Quarantänebeken (→ unten). Dann lassen Sie die Fische in einen Eimer, geben nach und nach Aquarien- oder Teichwasser dazu. Danach erst können Sie sie endgültig umsetzen.

Quarantäne: Selbst wenn Sie Ihre Wahl noch so sorgfältig getroffen haben, sind Sie vor unliebsamen Überraschungen, zum Beispiel ansteckenden Krankheiten, nicht sicher. Neue Fische sollten deshalb nicht sofort zum alten Fischbestand zugesetzt werden, sondern erst in einem separaten Becken eine wenigstens dreiwöchige Quarantäne durchlaufen (Einsetzen wie beschrieben). Selbst ein gesund erscheinender Fisch kann Todeskeime in sich tragen. Eine Krankheit, die im Quarantänebecken auftritt, gefährdet alteingesessene, wertvolle Fische nicht und kann unter Umständen leicht geheilt werden. Vor allem bei Teichfischen ist eine Quarantäne wichtig, da Sie im Teich die Fische nicht von allen Seiten sehen können. Zudem ist eine Behandlung hier erheblich schwerer.

Kohaku – Zweifarbiger Zierkarpfen. ▷
Er kann so handzahm werden, daß er sich von seinem Pfleger an der Kehle kraulen läßt.

Das Goldfischaquarium

Goldfische und ihre Varietäten sind recht genügsame Pfleglinge und mit verhältnismäßig wenig Aufwand in einer bescheidenen Behausung zufrieden. Dennoch sollte man sie in einem ausreichend großen und hübsch eingerichteten Becken unterbringen. Vor allem die Schönheit der Schleierformen kommt erst in größeren Aquarien so richtig zur Geltung. Über Anlage und Betreibung eines Aquariums gibt die entsprechende Spezialliteratur detailliert Auskunft (→ Adressen und Literatur, Seite 56); hier will ich nur kurz auf das eingehen, was für die Pflege des Goldfisches von Belang ist.

Wichtiger Hinweis: Obwohl der Betrieb eines Aquariums gewiß keine »gefahrgeneigte Tätigkeit« ist, sollten Sie unbedingt sicherstellen, daß Ihre Haftpflichtversicherung Schäden durch auslaufendes Wasser abdeckt. Sie tut das in der Regel ohne zusätzliche Kosten mit dem Zusatz: »Unter Einschluß der Schäden durch häusliche Abwässer«. Als Mitglied eines Aquarienvereines sind Sie meist automatisch versichert.

Ratschläge für Größe, Standort und Geräte

Größe: Für gewöhnliche Goldfische, Schleierschwänze und andere Zuchtformen von 15–20 cm Gesamtlänge brauchen Sie ein 200-l-Aquarium mit den handelsüblichen Maßen 100 × 40 × 50 cm. Solange die Fische noch jung sind, reicht auch ein 80-l-Becken von 80 × 35 × 40 cm Größe, doch kann dies wegen des schnellen Wachstums nur eine vorübergehende Unterkunft sein. Lediglich im Falle der Überwinterung (→ Seite 21) genügen etwa 5 l Wasser pro Tier bei kleinen Fischen, etwa 15 l bei ausgewachsenen.

◁ Verschiedene Löwenköpfe.
Oben links: Roter Holländischer Löwenkopf; oben rechts: Büffelkopf; unten links: Eisenfarbiger Oranda; unten rechts: Rotkappen-Oranda.

Beckenart: Es eignen sich sowohl rahmenlose Glasaquarien als auch Aquarien mit Zierleisten aus Kunststoff oder eloxiertem Aluminium, deren Scheiben mit Silikonkautschuk verklebt sind. Gut beraten werden Sie im Zoofachhandel und in den Zoofachabteilungen großer Kaufhäuser. Die sogenannte Goldfischglocke ist ungeeignet, da das Wasser zu schnell verunreinigt und zu wenig Luftaustausch stattfindet. Wer Goldfische in so einen »Käfig« sperrt, begeht Tierquälerei!

Standort: Da Aquarien heute mit Kunstlicht beleuchtet werden, ist ein Standort am Fenster nicht mehr nötig, direktes Sonnenlicht sogar schlecht, weil das Aquarium zu schnell veralgt.

Achtung: Aufgrund des Gewichtes von Becken, Wasser und Untergestell (400 kg pro qm) muß auf die Tragfähigkeit des Fußbodens geachtet werden. Klären Sie diese Frage mit dem Hauseigentümer oder Architekten.

Beleuchtung: In Frage kommen
• Leuchtstoffröhren, etwa in den Lichtfarben Nr. 21, 22, 31, 77 – Sie können eine Lichtfarbe wählen oder mehrere miteinander kombinieren. Die Röhren werden in Lampengehäusen untergebracht, die auf dem Aquarium aufliegen.
• Hochdruckquecksilberdampflampen und Halogenmetalldampflampen in frei über dem Aquarium aufgehängten Beleuchtungskörpern mit Reflektor. Die Beleuchtung darf auf keinen Fall zu schwach sein, sonst kümmern Ihre Wasserpflanzen. Pro Liter Aquarieninhalt werden etwa 0,5 Watt bei mittlerer, 1 Watt bei starker Beleuchtung benötigt.

Achtung: Achten Sie beim Kauf darauf, daß Röhren und Lampen das VDE- beziehungsweise das GS-Zeichen tragen!

Filterung: Für Becken bis zu 80 cm Kantenlänge eignet sich ein Innenfilter mit einer Membranluftpumpe, der gleichzeitig die Fische mit Sauerstoff versorgt. Größere Becken werden mit einem Kreiselpumpenfilter gereinigt, den man außerhalb des Aquariums anbringt. Die Größe des Filters ist so zu wählen, daß der Beckeninhalt wenigstens einmal pro Stunde den Filter passiert – lassen Sie sich vom Zoofachhändler beraten.

Heizung: Die meisten Goldfischrassen werden im ungeheizten Aquarium bei einer Zimmertemperatur von 18° –22° C gehalten. Hochzucht-Schleierschwänze brauchen jedoch eine Beckentemperatur von 22° –24° C. (Spezielle Ratschläge für die Haltung der einzelnen Rassen finden Sie auf den Seiten 50 bis 52.)

Aquarienheizer bekommen Sie im Zoofachhandel. Es gibt
- elektrische Stabheizer mit eingebautem Thermostat, die die Beckentemperatur selbständig regeln;
- Niedervoltheizkabel, die man am Boden des Aquariums verlegt;
- Thermofilter, ein Kreiselpumpenfilter mit im Kopf integrierter Heizspirale.

Achtung: Warnung vor Stromunfällen! Immer den Stecker ziehen, bevor Sie im Wasser hantieren. Lassen Sie vom Elektriker in Ihren Sicherungskasten unbedingt einen FI-Schalter (Fehlerstrom-Schutzschalter) einbauen. Bei Defekten an Geräten oder Kabel unterbricht dieser Schalter sofort die Stromzufuhr. Ein Schwimmthermometer überwacht die Wassertemperatur.

Der Bodengrund

Er wird mit Kies von unterschiedlicher Körnung angelegt:
- Feinkörniger Kies von 1 bis 3 mm Körnung, zum Beispiel der rötliche Granitkies. Leider nicht immer im Zoofachhandel erhältlich, deswegen auch im Baustoffhandel nachfragen. Dieser Kies wird nur ganz grob gereinigt, einmal durchspülen.
- Grober Kies von 5–8 mm Körnung als Abdekkung. Er muß peinlich sauber gewaschen werden, da die Fische sonst lange Zeit kleine »Schlammvulkane« produzieren.

Tip: Eimer in Badewanne stellen, halbvoll mit Kies füllen, Wasserschlauch tief hineinstecken und bei fließendem Wasser Kies solange umschichten, bis keinerlei Trübung mehr auftritt. Benützen Sie Gummihandschuhe, dann bleiben Ihre Fingernägel intakt.

Weitere Bodenzusätze erübrigen sich. Nur sehr nahrungsbedürftige Pflanzen brauchen etwas Lehm im Wurzelbereich in Form von kleinen Kugeln, die Sie im Zoofachhandel fertig kaufen oder aus Ziegeleilehm selbst herstellen können.

Nicht geeignet für die Goldfischpflege ist Lavalit, da es für die wühlenden und gründelnden Fische zu rauh und scharfkantig ist.

Dekorationsmittel: Lediglich runde Flußkiesel aus dem zum Bodengrund passenden Gestein sowie schöne Moorkienwurzeln, die nicht mehr faulen und vor dem Einbringen in das Wasser nochmals gut gewässert werden, als Ergänzung für die Pflanzen verwenden.

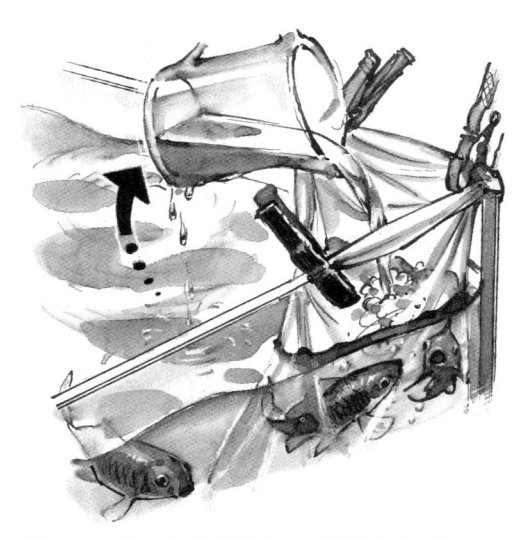

Einsetzen: Damit Goldfische und Kois beim Einsetzen keinen Schock bekommen, werden sie zunächst in ihrem Transportbeutel in das neue Becken gehängt. Danach wird langsam Beckenwasser hinzugegossen, damit sich die Fische umgewöhnen können.

Das Goldfischaquarium

Das Wasser

Goldfische sind dem Wasser gegenüber anspruchslos. Fast jedes Leitungswasser ist brauchbar. Es darf nur nicht ganz frisch und dann meist auch gechlort aus dem Hahn kommen, sondern muß etwas abgestanden sein. Die Wasserhärte spielt zwar für die Goldfische keine Rolle, aber für die Pflanzen. Den Härtegrad Ihres Leitungswassers erfahren Sie beim Wasserwerk, oder Sie ermitteln ihn mit Meßreagenzien (der Zoofachhändler berät Sie).

Falsch ist aber die Schlußfolgerung, Goldfische würden sich in möglichst altem Aquarienwasser besonders wohl fühlen. Man sollte wöchentlich etwa 10–20% des Aquarieninhaltes wechseln. In überaltertem Wasser mit hohem Gehalt an Abfallstoffen werden die Fische anfällig für viele Infektionskrankheiten (→ Wasserhygiene, Seite 27). Wenn Sie Ihr Becken komplett mit neuem Wasser füllen, sollten Sie es einige Tage stehen lassen, bevor Sie die Fische einsetzen. Es gibt auch ein Wasseraufbereitungsmittel (im Zoofachhandel erhältlich), das es sofort verwendbar macht.

Die Pflanzen

Goldfische entfalten erst vor dem üppigen Grün einer Pflanzenkulisse ihre volle Schönheit. Bevor Sie jedoch an die Auswahl der Pflanzen gehen, sollten Sie folgende Punkte bedenken:
• Goldfische suchen ständig nach Genießbarem und bearbeiten die Wasserpflanzen so, daß brüchige, zarte Arten von vornherein ausscheiden.
• Goldfische fühlen sich am wohlsten bei Temperaturen, die nur für eine beschränkte Zahl von Pflanzen verträglich sind.
Die hier vorgestellten Pflanzen (→ Seite 14, 15) eignen sich für Goldfische sehr gut und sind im Zoofachhandel erhältlich (→ Adressen, Seite 56).
Achtung: Sorgen Sie dafür, daß Kinder keine Aquarienpflanzen essen. Es können erhebliche gesundheitliche Schäden eintreten.

Tips fürs Einrichten

• Bringen Sie zuerst Steine und Wurzeln auf den Beckenboden ein, wobei Sie größere Steine am besten auf ein kleines, passend zugeschnittenes Styroporstück legen, um Glasbruch zu vermeiden.

Gründeln: Bei der Nahrungssuche stehen Goldfische und Kois kopfüber am Grund und wühlen nach etwas Genießbarem.

• Danach füllen Sie den feinkörnigen Kies (→ Seite 12) bis zu einer Höhe von 4 bis 7 cm ein, je nach Beckengröße und verwendeten Pflanzen, den Sie dann mit einer 2 cm starken Schicht des gründlich gewaschenen groben Kieses (→ Seite 12) abdecken.
• Füllen Sie das Becken zur Hälfte mit Wasser, bevor Sie mit dem Einpflanzen beginnen.
• Die Wurzeln der Pflanzen werden eingekürzt und in das mit Hilfe von zwei Fingern gebohrte Pflanzloch in den Bodengrund gesteckt, der danach wieder vorsichtig angedrückt wird. Die Ansatzstelle der Wurzeln muß gerade sichtbar sein.

Cabomba caroliniana
Wasserhaarnixe

Von allen Cabomba-Arten am besten geeignet. In freistehenden Gruppen pflanzen, gelegentlich unten einkürzen und neu stecken. Sauberes, klares Wasser, vor Mulm und Veralgung schützen. Nahrhafter Bodengrund, Eisendüngung.
Licht: Hell (1 Watt/l).
Wasser: 22–28° C; weich, kalkarm. Vermehrung: Stecklinge.

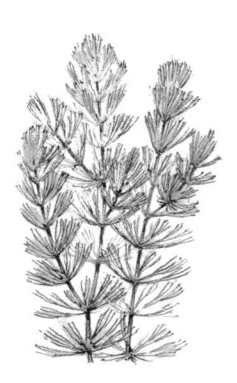

Ceratophyllum demersum
Rauhes Hornkraut

Wächst sehr rasch, frei im Wasser treibend, auch in lockeren Gruppen am Boden, muß dann oft eingekürzt und neu gesteckt werden. Ideale Aquarienpflanze.
Licht: Nicht sehr lichtbedürftig (ab 0,3 Watt/l).
Wasser: 12–25° C. Vermehrung: Teilen des Sprosses.

Cryptocoryne affinis
Härtels Wasserkelch

Blätter oberseits dunkelgrün, unten rot. Bis 30 cm hoch. In Gruppen pflanzen. Nahrhafter Bodengrund, Eisendüngung.
Licht: Hell bis Schatten.
Wasser: 21–28° C; weich bis mittelhart. Vermehrung: Ausläufer.

Cryptocoryne usteriana
(C. aponogetifolia)
Wasserährenblättriger Wasserkelch

Höhe bis 1 m. Nur für große Becken geeignet. Einzeln oder in Gruppen setzen. Hoher, nahrhafter Boden- und, Eisendüngung.
Licht: Mittelhell bis hell (0,5–1 Watt/l). Wasser: 21–28° C; weich bis mittelhart. Vermehrung: Ausläufer.

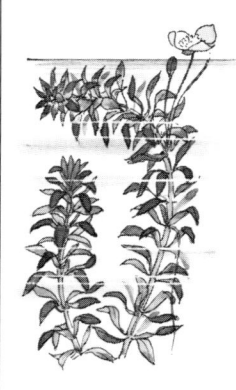

Egeria densa
Argentinische Wasserpest

Sehr robuste, raschwüchsige Stengelpflanze. In Gruppen setzen, auch frei an der Wasseroberfläche treibend. Guter Sauerstofflieferant im Aquarium.
Licht: Sehr hell, abhängig von der Wassertemperatur (ab 1 Watt/l). Wasser: 15–25° C; hart, kalkhaltig.
Vermehrung: Stecklinge.

Ludwigia mullertii
(Ludwigia palustris x L. repens)
Bastard-Ludwigie

Sehr empfehlenswerte, gutwüchsige Art. Blatt oberseits grün, unten rötlich. Gruppenpflanze. Eisendüngung.
Licht: Mittelhell bis hell (0,5–1 Watt/l, je nach Temperatur). Wasser: 15–25° C; weich, kalkarm.
Vermehrung: Stecklinge.

Empfehlenswerte Aquarienpflanzen

Myriophyllum aquaticum
**Brasilianisches Tausend-
blatt**

Feinfiedrige Gruppen-
pflanze. Vor Mulm und
Veralgung schützen.
Licht: Mittelhell bis hell
(0,5–1 Watt/l). Wasser:
18–30° C; mittelhart. Vermehrung: Stecklinge.

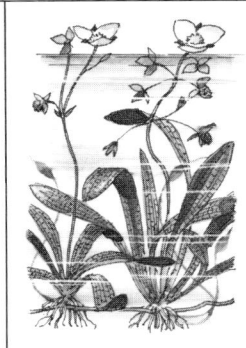

*Sagittaria subulata f.
pusilla*
Zwergpfeilkraut

Kleine, rasenbildende
Pflanze für den Vorder-
und Mittelgrund. Etwa
10 cm hoch. Anspruchslos.
Licht: Mittelhell (0,3–0,5
Watt/l). Wasser: 18–30° C;
weich bis hart. Vermeh-
rung: Ausläufer.

Myriophyllum hippuroides
Rötliches Tausendblatt

Feinfiedrige Gruppen-
pflanze mit rötlichen
Sproßachsen und Blättern.
Licht: Sehr hell (1 Watt/l).
Wasser: 18–25° C; mittel-
hart. Vermehrung: Steck-
linge.

Nuphar luteum
Teichrose

Große Pflanze für Einzel-
stellung, nur für sehr ge-
räumige Becken zu emp-
fehlen. Bildet Schwimm-
blätter. Nahrhafter Bo-
dengrund:
Licht: Sehr hell (ab 1
Watt/l), direkt unter der
Lampe kultivieren! Was-
ser: 15–24° C. Vermeh-
rung: Samen, Teilung des
Wurzelstockes.
Geschützte Pflanze, die
nur aus Kulturen erwor-
ben werden darf!

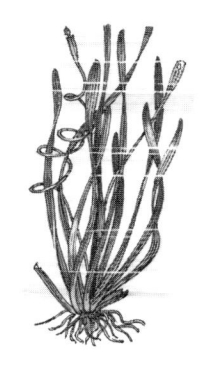

Vallisneria spiralis
Sumpfschraube

Gruppenpflanze mit lan-
gen, pfriemförmigen Blät-
tern für den Hintergrund
oder die Seiten. An-
spruchslos. Bildet im
Laufe der Zeit Dickichte.
Licht: Mittelhell (0,5
Watt/l). Wasser: 18–30° C;
weich bis hart. Vermeh-
rung: Ausläufer.

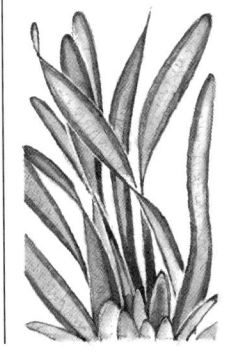

Vallisneria gigantea
Riesenvallisnerie

Wie Vallisneria spiralis,
aber kräftige Pflanze mit
bis zu 2 m langen Blättern,
nur für Aquarien ab 50 cm
Höhe geeignet. Nährstoff-
reicher Bodengrund,
Eisendüngung.
Licht: Hell (0,5–1 Watt/l).
Wasser: 20–28° C; weich
bis hart.

Das Goldfischaquarium

Nur wenige Pflanzenarten jeweils in Gruppen setzen, nie einzelne Pflanzen durcheinander.
• Hochwachsende Pflanzen gehören in den Hintergrund des Beckens, eventuell auch an die Seiten. Nur bei größeren Aquarien können Sie auch in der Mitte eine Pflanzeninsel bilden, umgeben von niedrigbleibenden Bodendeckern.

Pflegemaßnahmen

Täglich: Fische füttern, am besten zwei- bis dreimal täglich gerade soviel, wie in kurzer Zeit gefressen wird. Fische beobachten, ob sie noch alle gesund sind (→ Gesunderhaltung und Krankheiten, Seite 27). Becken kontrollieren und nachsehen, ob die Technik einwandfrei funktioniert; Temperatur, Filter und Beleuchtung prüfen.

Wöchentlich: Frontscheibe mit Algenmagnet oder Rasierklinge von Algen befreien. Pflanzen kontrollieren.

Alle zwei Wochen: Mulm absaugen, ein Drittel des Wassers wechseln. Man stellt einen Eimer neben das Aquarium, steckt ein Schlauchende ins Wasser, saugt am anderen Ende kurz an, bis der Schlauch gefüllt ist, und läßt es in den Eimer fallen. Das Wasser läuft dann aus dem Aquarium heraus. Den Schlauch wie einen Staubsauger langsam über den Bodengrund führen und Schmutz und Wasser aufsaugen. Danach mit temperiertem Frischwasser nachfüllen.

Monatlich: Filter reinigen.

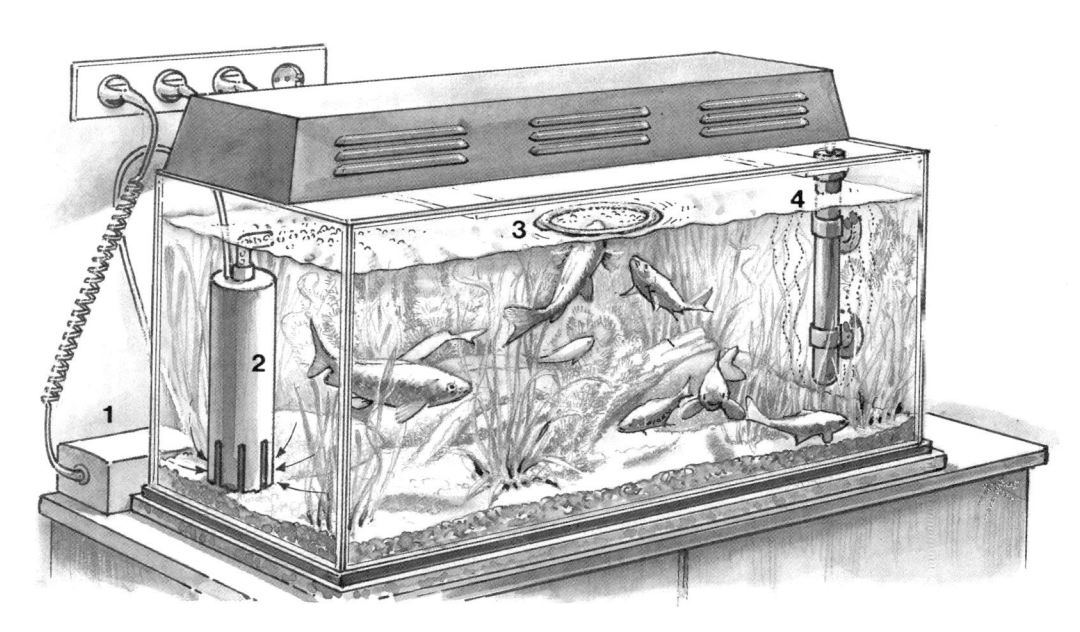

Das Goldfischaquarium
Für Goldfische brauchen Sie wenigstens ein 200-l-Becken in den Maßen $100 \times 40 \times 50$ cm. Es ist ausgestattet mit einer Leuchtstoffröhrenlampe, einem mit einer Membranpumpe betriebenen Biofilter und einem Regelheizer (1 Membranpumpe, 2 Biofilter, 3 Futterring, 4 Regelheizer). Bepflanzt ist das Aquarium mit *Vallisneria spiralis*, *Myriophyllum aquaticum* und *Sagittaria subulata*.

Ein Teich für Goldfische und Kois

Tips für die Planung

Ein Gartenteich oder ein größeres Wasserbecken im Garten für Goldfische oder Kois muß sorgfältig geplant sein, wenn man sich herbe Enttäuschungen und unnötige Arbeit ersparen will. Hier möchte ich grundsätzlich auf die zahlreiche Spezialliteratur verweisen (→ Adressen und Literatur, Seite 56) und nur die nötigsten Dinge vermitteln.

Hinweis: Da Goldfische und Kois jeweils im Schwarm gehalten werden sollten, empfehle ich, sie nicht zusammen in einem Teich zu halten. Da die kräftigen Kois bald zu starke Konkurrenten für die Goldfische werden können, sollte man sich entweder für einen Goldfisch- oder einen Koiteich entscheiden.

Standort: Der Teich braucht täglich vier bis sechs Stunden Sonne und sollte nicht in der Nähe von Bäumen liegen, da das herabfallende Laub die Wasserqualität beeinflußt.

Größe: Sie wird durch Anzahl und Größe der Fische bestimmt. Bei kleineren Becken, die mit einer Filteranlage ausgerüstet sind, rechnet man 5 l Wasser pro Zentimeter Fischlänge, das heißt, ein 10 cm langer Goldfisch braucht etwa 50 l Wasser. Für größere Teiche (etwa von 10 qm an), für die nicht unbedingt ein Filter notwendig ist, geht man von folgender Rechnung aus: Bei durchschnittlich 50 cm Wassertiefe benötigt man pro Zentimeter Fischlänge 0,05 qm Wasseroberfläche. Das bedeutet, daß 30 Goldfische von je 10 cm Länge 15 qm brauchen, beziehungsweise in einem Teich dieser Größe zum Beispiel 10 Kois von 30 cm Länge gehalten werden können. Dabei wird eine Sumpffläche am Teichrand mit nur wenigen Zentimetern Wasserstand nicht eingerechnet, sondern ausschließlich der tiefe Wasserteil.

Wassertiefe: Wollen Sie Goldfische im Teich überwintern, ist eine Tiefwasserzone von etwa 1 qm Größe nötig, in der das Wasser in milden Gegenden mindestens 60 cm, in rauheren 80 cm tief sein sollte. Halten Sie Kois, muß diese Zone 1,5 bis 2 m tief sein.

Was beim Folienteich zu beachten ist

Er ist preiswert, leicht und rasch selbst zu bauen. Eine genaue Bauanleitung finden Sie in etlichen guten Fachbüchern (→ Literatur, Seite 56).

Vorbereitung: Rechnen Sie zur reinen Teichfläche einen flachen Uferstreifen von etwa 50 cm Breite hinzu (→ Zeichnung, Seite 22). Die Tiefe des Aushubs richtet sich nach der Wassertiefe plus der Dicke des Bodengrundes. Man braucht also
- für den Tiefwasserteil 60 cm plus 25 cm, in kalten Gegenden 80 cm plus 25 cm,
- für den anschließenden Sumpfteil 30 cm, zum Rand hin 15 cm.

Eine flache Barriere zwischen Sumpf- und Tiefwasserteil (→ Zeichnung, Seite 22) bewahrt den Bodengrund vor dem Wegrutschen. Die Teichwände dürfen nicht mehr als 45° ansteigen; dadurch wird ein Einstürzen verhindert und Beschädigungen am Rand durch Eisbildung vorgebeugt. Teichgrube sorgfältig säubern und glätten, da spitze Gegenstände die Folie beschädigen können, und mit einer 5 cm dicken Sandschicht bedecken.

Verlegung der Folie: Nur spezielle Teichfolie verwenden, die in verschiedener Breite und in Stärken von 0,8–1,2 mm im Garten- oder Zoofachhandel erhältlich ist. Vorher den Folienbedarf ausrechnen, dabei berücksichtigen, daß die Folie etwa 30 cm über den Teichrand hinausragen soll. Meterware mit einem Quellschweißmittel verkleben (unbedingt Gebrauchsanleitung beachten!). Beim Einlegen der Folie darauf achten, daß sie rundum am Teichrand gleichmäßig überlappt (etwa 30 cm).

Abfluß: Nötig ist eine flache Auslaufrinne, die in eine kiesgefüllte Sickergrube mündet, um Überschwemmungen in Regenperioden zu verhindern.

Bodengrund: Verwenden Sie reinen Kies in einer Körnung von 0,5–3 cm und reichern Sie ihn vor allem im Sumpfteil etwas mit Lehmerde an; sie speichert die Nährstoffe, die für die Sumpfpflanzen (→ Seite 23) wichtig sind. Keine nährstoffreiche Erde (wie Gartenerde) einbringen, da sonst

Algenplagen unvermeidbar sind. Bodengrund zuerst in die Tiefwasserzone, anschließend in die flache Randzone einfüllen und gleichmäßig verteilen. Er soll etwa 20 cm hoch sein, damit Pflanzen direkt im Teichboden wurzeln können.

Hinweis: Leben Zierkarpfen im Teich, braucht der Bodengrund im Tiefwasserteil nicht so hoch zu sein, da hier Pflanzen nur in Pflanzkörben eingebracht werden können. Die Fische buddeln sie sonst rasch aus.

Randzone: Am Teichrand das Folienende so verlegen, daß es senkrecht nach oben schaut. Sie bekommen sonst Feuchtigkeitsbrücken, über die das Teichwasser in die Umgebung gesaugt wird. Die Folie mit Steinen, Kies und Holz kaschieren und das Ende einige Zentimeter überstehen lassen. Im ersten Jahr setzt sich das Ganze garantiert noch.

Bepflanzung: Im Tiefwasserteil beginnen, danach vorsichtig Wasser einlassen. Legen Sie das Schlauchende in einen Eimer, sonst wühlt der Wasserstrahl den Boden auf. Nach dem Einsetzen der Sumpfpflanzen in der Flachwasserzone den Wasserspiegel auf den endgültigen Stand erhöhen. Den Teich etwa vierzehn Tage stehen lassen, ehe er mit Fischen besetzt wird.

Tips für den Fertigteich

Fertigteiche aus glasfaserverstärktem Polyestermaterial gibt es nur in bestimmten Größen.

Anlage: Teichgrube etwa 15 cm größer als die Kunststoffschale ausheben, säubern und glätten und 10 cm hoch mit Sand bedecken. Teichbehälter hinabsenken, horizontale Lage mit der Wasserwaage kontrollieren. Stufenweise Sand in den Raum zwischen Behälter und Grubenrand füllen und feststampfen. Parallel dazu Wasser einlassen, bis der obere Rand erreicht ist. Damit beugen Sie einem Verbiegen der Wände vor. Für den Abfluß ein Überlaufrohr einsetzen, das oben eine durchlöcherte Kappe oder einen Maschendrahtverschluß besitzt, sonst kann womöglich ein Fisch darin verschwinden. Alle weiteren Arbeiten wie beim Folienteich.

Achtung: Um sich und andere vor Schaden zu bewahren, sollten Sie Ihren Teich ausreichend sichern und verhindern, daß Wasser aufs Nachbargrundstück gelangen kann. Bitte beachten Sie dazu »Hinweis und Warnung« auf Seite 2.

Teichpflanzen

Mit die wichtigsten Gestaltungselemente eines Teiches sind die Pflanzen, die an und in ihm wachsen (→ Seite 23 bis 24). Den Übergang vom Land zum Wasser markieren Sumpfpflanzen, die über die Wasseroberfläche hinausragen oder gar nur auf feuchtem Boden wachsen.

Der Bedarf an Pflanzen richtet sich nach der Größe der Anlage. Niedrige Pflanzen setzt man jeweils in Gruppen im Abstand von 20–30 cm, halbhohe 30–40 cm auseinander. Hohe Pflanzen werden einzeln eingepflanzt. Als Erstbesatz an Unterwasserpflanzen werden fünf bis zehn pro Quadratmeter empfohlen. See- und Teichrosen (→ Seite 15), stets als Einzelpflanzen setzen.

Die meisten Teichpflanzen breiten sich rasch aus. Dieses Verwachsen ist einerseits günstig, da so nahtlose Übergänge zu den Arten geschaffen werden, andererseits wird man nicht umhinkommen, gelegentlich regelnd einzugreifen.

Hinweis: In den Tiefwasserteil des Koi-Teiches besser nur Teichrosen (→ Seite 15) in Pflanzkörbe setzen. Im Gegensatz zu anderen Pflanzen werden sie von Kois nicht gefressen.

Achtung: Besorgen Sie sich Ihre Pflanzen nicht in der Natur, sondern im Zoofachhandel oder in der Gärtnerei! Viele Sumpf- und Wasserpflanzen sowie ihre Lebensräume stehen unter Naturschutz. Sie können daher rasch mit dem Naturschutzgesetz in Konflikt geraten.

Achten Sie darauf, daß Kinder Teichpflanzen nicht essen. Es können erhebliche gesundheitliche Schäden eintreten.

Eine Gruppe von Schleierschwanz-Goldfischen.　▷

Technische Ausrüstung

Ein Gartenteich, der groß genug und schwach besetzt ist, braucht im Grunde genommen keine Technik (→ Teichgröße, Seite 17). Nötig sind technische Geräte für kleinere Teiche, die schnell übervölkert sind, verschmutzen und dadurch biologisch »umkippen«. Es entsteht dann Sauerstoffmangel, an dem Ihre Fische sterben können.

Voraussetzung für den Einsatz von technischen Geräten (alle im Zoofachhandel erhältlich) ist ein vom Elektriker installierter, wassergeschützter Stromanschluß in Teichnähe.

Achtung: Elektrische Installationen nur vom Fachmann ausführen lassen. Bei unsachgemäßer Ausführung besteht die Gefahr von Stromunfällen! Ein FI-Schalter (→ Seite 12) ist dringend zu empfehlen.

Teichfilter: Sie werden mit einer Kreiselpumpe betrieben und erfüllen mehrere Aufgaben. Läßt man das vom Filter kommende Wasser über Steine oder ein japanisches Wasserspiel aus Bambus, ein Shishi Odishi, ins Becken zurücklaufen, wird gleichzeitig für genügend Sauerstoffanreicherung und eine Umwälzung des Teichwassers gesorgt.

Membranluftpumpe: Sie wird auch im Aquarium benützt und ist in der Lage, mit ein oder zwei über Luftschläuche angeschlossenen Ausströmsteinen rasch große Mengen Sauerstoff in das Teichwasser zu bringen.

Oxydator: Dieses einfach zu bedienende Gerät wird mit Wasserstoffperoxyd gefüllt, ins Becken gestellt und gibt über Wochen Sauerstoff frei. Sorgt auch im Winter unter der Eisdecke für Sauerstoffzufuhr (→ Seite 22).

Weitere Hilfen sind ein Gartenrechen zum Entfernen von Wasserpflanzen, Algen und Fallaub sowie ein Kescher zum Herausfangen von Fischen.

Pflegemaßnahmen während der warmen Jahreszeit

Täglich: Fütterung der Fische, aber sparsam, da sich im Teich zahlreiche Futtertiere – Organismen wie Wasserflöhe, Mückenlarven und sonstige Wasserinsekten – einfinden. Am besten zweimal täglich soviel füttern, wie in kurzer Zeit gefressen wird.

Gesundheitszustand überprüfen. Gesunde Fische stellen sich rasch an der Futterstelle ein, suchen intensiv und kommen nahe heran. Scheue oder träge sowie appetitlose Fische gut beobachten, sie könnten krank sein (→ Seite 27). Klemmen Fische die Flossen, zeigen sie schaukelnde Bewegungen, scheuern sie sich an Pflanzen, Steinen oder ähnlichem, weist das auf Parasitenbefall hin (→ Seite 27). Hängen die Fische an der Wasseroberfläche und schnappen nach Luft, dann besteht Sauerstoffmangel (Abhilfe schaffen).

Hinweis: Der Appetit hängt auch von der Wassertemperatur ab. Unter 10° C Wassertemperatur können Sie die Fütterung ganz einstellen.

Gelegentlich: Vor allem im Sommer starkwuchernde Pflanzen im Tiefwasserteil auslichten.

Wasserwechsel: So wenig wie möglich. Bei kleinen Teichen monatlich maximal bis 30% Wasser wechseln. Bei größeren Teichen (→ Seite 17) sorgt das anfallende Regenwasser für den Wasserwechsel. Nach Trockenperioden Wasser nachfüllen.

Die Überwinterung

Pflanzen: Im Herbst Schwimmpflanzen, wie Wasserlinsen, und Schwimmblätter von See- und Teichrosen entfernen. Wasserpest- und Horn-

◁ Verschiedene Goldfischrassen.
Oben links: Gewöhnlicher Goldfisch; oben rechts: Shubunkin; Mitte links: Kometschweif; Mitte rechts: Perlschupper; unten links: Eierfisch; unten rechts: Holländischer Löwenkopf (Kaliko).

Ein Teich für Goldfische und Kois

krautranken, Tannenwedeltriebe, die sich den Sommer über ausgebreitet haben, stark reduzieren. Fallaub mit einem Rechen vorsichtig aus dem Teich herausziehen und auf den Komposthaufen bringen. Unterläßt man diese Arbeiten, kann im Winter unter einer Eisdecke Sauerstoffmangel entstehen, so daß Fische, die im Teich überwintern, ersticken. Hier bewährt sich der Oxydator hervorragend (→ Seite 21).

Fische: Ist der Teich nicht tief genug (→ Seite 17), müssen die Fische im Herbst herausgefangen und in einem Winterquartier untergebracht werden. Goldfische setzen Sie ins Aquarium. Bei etwas kühlerer Haltung und sparsamer Fütterung genügen hier je 5 l für kleinere Tiere, je 15 l für ausgewachsene (→ Seite 46). Kois überwintern in Kunststoffwannen mit Membranluftpumpe und motorgetriebenem Topffilter (→ Seite 51).

Algen, ein Problem?

In jedem gesunden Teich gibt es Algen. Das ist ganz natürlich, solange sie nicht überhandnehmen. Zuviele Algen entstehen meist auf einem zu nahrhaften Bodengrund oder durch zu starke Fischfütterung.

Abhilfe: Mit einem Rechen die Algenmatten entfernen. Sparsam füttern. Das Teichwasser nicht vorschnell wechseln, denn dadurch verstärkt sich das Algenwachstum meist. Rasch wachsende Unterwasserpflanzen, wie Wasserpest und Hornkraut, sorgen zusätzlich für Normalisierung (Zuwachs gelegentlich abernten).

Hinweis: Chemische Algenbekämpfungsmittel bringen keine langfristige Hilfe. Verschonen Sie Ihren Teich deshalb damit.

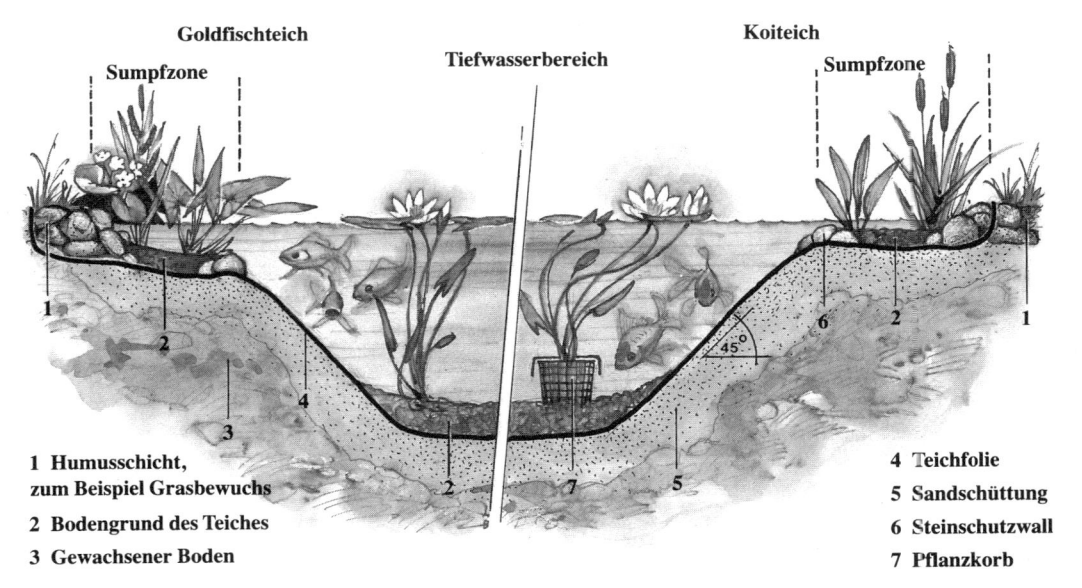

Goldfischteich   **Tiefwasserbereich**   **Koiteich**

Sumpfzone   **Sumpfzone**

45°

1 Humusschicht, zum Beispiel Grasbewuchs

2 Bodengrund des Teiches

3 Gewachsener Boden

4 Teichfolie

5 Sandschüttung

6 Steinschutzwall

7 Pflanzkorb

Goldfisch- und Koiteich
Im Goldfischteich (links) geht die sumpfige Randzone langsam in den Tiefwasserteil über, die Pflanzen können direkt im Bodengrund wurzeln.
Im Koiteich (rechts) müssen die Pflanzen in einem Pflanzkorb eingebracht werden, da die Fische sie sonst rasch ausbuddeln.

Sumpfpflanzen für die Randzone

Alisma plantago-aquatica
Froschlöffel

Rosettenförmig angeordnete Blätter mit 20–50 cm langen Stielen und elliptischer Blattspreite. Für feuchte Zonen oder niedrigen Wasserstand. Am besten in Gruppen von 3 bis 9 Stück, mit niedrig wachsenden Nachbarn. Nährstoffreicher Boden.
Vermehrung: Selbstaussaat.

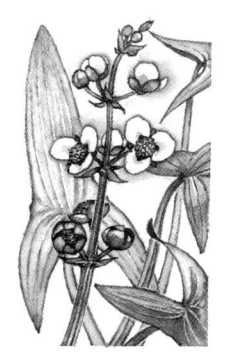

Sagittaria sagittifolia
Pfeilkraut

Pflanze mit schmalen, langen Unterwasser- und langgestielten, pfeilförmigen Überwasserblättern. Bis zu 1 m hoch. Schöner Blütenstand mit 2–4 cm großen Blüten. Für Wasser bis 40 cm Tiefe. Nährstoffreicher Boden.
Vermehrung: Samen.

Pontederia cordata
Herzblättriges Hechtkraut

0,60–1 m hohe Pflanze mit herzförmigen Blättern. Prächtige Blütenstände, 10 cm lang, mit hell- bis violettblauen Blüten. Sumpfboden bis Flachwasser von 30 cm. Braucht Winterschutz aus Laub, wenn sie außerhalb des Wassers wächst. Nährstoffreicher Boden.
Vermehrung: Teilung des Wurzelstockes oder Aussaat.

Caltha palustris
Sumpfdotterblume

Sumpfpflanze für den feuchten Standort am Teichrand. Gelber Frühjahrsblüher, der aber sein Laub früh einzieht und deshalb größer werdende Nachbarn braucht, die dann die Lücken überdekken.
Vermehrung: Teilung oder Aussaat.

Typha minima
Zwerg-Rohrkolben

50 cm hohe Rohrkolbenart mit schmalen, 1–4 mm breiten Blättern von graugrüner Farbe. Weibliche Kolben kugelig-elliptisch, männliche zylindrisch. Besonders geeignet für kleinere Wasserbecken mit flachem Wasserstand. Nährstoffreicher Boden.
Vermehrung: Teilung des Wurzelstockes oder Aussaat.

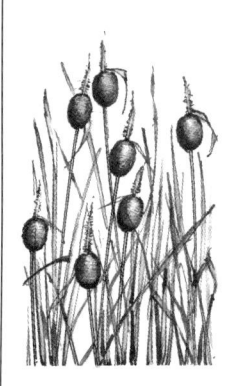

Lysimachia nummularia
Pfennigkraut

Etwa 50 cm lange, kriechend wachsende Stengel, an denen rundliche Blätter sitzen. Bodendeckende Pflanze für feuchten bis sumpfigen Grund oder Flachwasser.
Vermehrung: Teilung der Triebe.

Pflanzen für die tieferen Wasserzonen

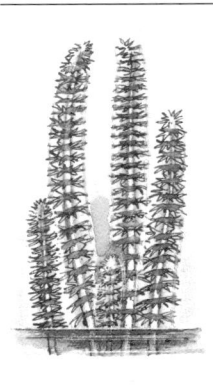

Hippuris vulgaris
Tannenwedel

Zierliche, üppig wachsende Pflanze, sowohl in Flach- als auch Tiefwasser (bis 1 m). Bester Standort 20–50 cm Wassertiefe. Blätter 2 cm lang, schmal, quirlig angeordnet, waagrecht abstehend. Wächst über die Wasseroberfläche hinaus.
<u>Vermehrung:</u> Ausläufer.

Nymphoides peltata
Seekanne

Pflanze bildet lange, im Wasser flutende Rhizome. Kreisrunde Schwimmblätter von etwa 10 cm Durchmesser, Rand etwas gewellt. Leuchtend gelbe Blüten. Wächst im flachen (30 cm) bis tieferen Wasser.
<u>Vermehrung:</u> Teilung des Wurzelstockes oder Aussaat.

Elodea canadensis
Kanadische Wasserpest

Äußerst rasch wachsende Pflanze. Lange, verzweigte Stengel mit kleinen bis 4 cm breiten Blättchen. Oft auslichten!
<u>Vermehrung:</u> Teilung des Stengels.

Stratiotes aloides
Wasseraloe oder Krebsschere

Die am Rande gezähnten Blätter bilden eine dichte, trichterförmige Rosette. Im tiefen Wasser treibend, nur mit den Blättern über die Oberfläche reichend.
<u>Vermehrung:</u> Ausläufer mit Brutknospen.

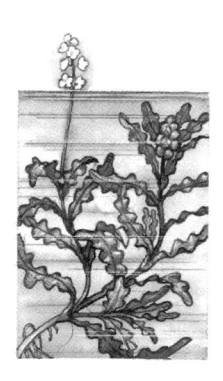

Potamogeton crispus
Krauses Laichkraut

Schöne Unterwasserpflanze mit bis zu 150 cm langen Stengeln. Blätter bis 9 cm lang und gewellt. Wächst im Laufe der Zeit zu großen Beständen heran. Bildet im Herbst Winterknospen, die zu Boden sinken. Bevorzugte Wassertiefe 50–60 cm.
<u>Vermehrung:</u> Teilung des Wurzelstockes oder Winterknospen.

Trapa natans
Wassernuß

Schwimmpflanze mit langen Stengeln und fiederartig verzweigten Wurzeln. Stengel verankert die Pflanzen im Boden, Wasserstand nicht höher als 50 cm. Früchte sinken im Herbst zu Boden. Einjährige Pflanze.
<u>Vermehrung:</u> Selbstaussaat.

Das richtige Futter

Sollen Ihre Fische gut wachsen, schöne Farben zeigen und sich wohl fühlen, brauchen sie eine gehaltvolle Fütterung. Schlecht genährte Fische sind anfällig gegen Krankheiten. Auch wer Fische züchten will, muß für eine gesunde, abwechslungsreiche Ernährung sorgen, denn sie ist die Gewähr für einen ausreichenden Laichansatz (→ Grundlagen der Goldfischzucht, Seite 40).

Trockenfutter

Es ist heute kein Problem, seinen Fischen die nötigen Stoffe zukommen zu lassen. Die Teichwirtschaft hat gute Kunstfuttersorten entwickelt, deren Zusammensetzung sehr ausgewogen ist. Diese Futtermittel (im Zoofachhandel erhältlich) werden wegen der besseren Lagerungsmöglichkeit als Trockenfutter hergestellt.

Trockenfutter fürs Aquarium: In Form von Flocken, Sticks oder Pellets bieten sich dem Aquarianer verschiedene Fabrikate an. Flocken schwimmen auf der Wasseroberfläche und sinken so langsam ab, daß sie von den Fischen aufgenommen werden, ehe sie am Boden liegen. Aber auch von dort werden sie gefressen, weil Goldfische und Zierkarpfen ja gern gründeln.

Teichfutter: Da Futter, das am Boden liegt, sich vor allem im Gartenteich der Kontrolle entzieht und unter Umständen das Wasser verderben kann, gibt es spezielle »Teichfutter«-sorten, die lange Zeit an der Wasseroberfläche schwimmen. Während sie allmählich aufweichen, werden sie von den Fischen gefressen. Damit sich das Futter nicht über die ganze Wasseroberfläche verteilt, streuen Sie es in einen Futterring, der auf dem Wasser schwimmt (→ Zeichnung, Seite 26). Sie können sich aus Holzleisten einen kleinen Rahmen auch selbst bauen. So sehen Sie genau, was gefressen wird, und haben eine gute Kontrolle über die Nahrungsaufnahme.

Lagerung: Immer möglichst kühl und vor allem trocken lagern. Feuchtes Futter schimmelt und muß weggeworfen werden. Unter dem Einfluß von Luftsauerstoff werden bestimmte Bestandteile des Fischfutters verändert und wertlos. Kaufen Sie nur so viel, wie allerspätestens innerhalb eines halben Jahres gefressen wird. Beachten Sie unbedingt das auf der Verpackung angegebene Herstellungsbeziehungsweise Abfülldatum.

Hinweis: Trockenfutter sind zwar in ihrer Nährstoffzusammensetzung ausgewogen, haben aber im allgemeinen zu wenig Ballaststoffe. Das ist in einem größeren Teich nicht so wichtig, da Ihre Fische dort zahlreiche Futterorganismen wie Wasserflöhe und Insektenlarven finden und die an Steinen, Wurzeln oder Pflanzen wachsenden Fadenalgen abschaben können. In kleinen Teichen und vor allem im Aquarium müssen Sie weitere Futtersorten (wie Lebend- oder Gefrierfutter) verwenden.

Lebendfutter

Es ist bestimmt das Wertvollste, das Sie Ihren Fischen bieten können. Leider werden geeignete Quellen immer rarer, zudem besteht die Gefahr, daß Krankheitskeime in Teich oder Aquarium eingeschleppt werden. Kennen Sie jedoch einen fischfreien Tümpel, sollten Sie dort mit einem Kescher nach Wasserflöhen (Daphnien) oder Hüpferlingen (Cyplops) und Mückenlarven suchen. Auch die schwarzen Stechmückenlarven, die es vor allem im Frühsommer gibt, sind ein hervorragendes Futter, das von allen Fischen gierig gefressen wird, ebenso die durchsichtigen Büschelmückenlarven, die sogenannten Glasstäbchen. Dieses Lebendfutter transportiert man am besten feucht auf einem Gazerahmen, den man sich selbst basteln kann. In einem Eimer stirbt es schnell ab, weil ihm der Sauerstoff ausgeht.

Wasserflöhe und Mückenlarven werden auch in vielen Zoofachgeschäften angeboten, vor allem die Bachröhrenwürmer (Tubifex), die ebenfalls eine wertvolle Ergänzung des Speiseplans sind.

Das richtige Futter

Frostfutter

Es ist ein guter Ersatz für lebendes Futter und wird vom Zoofachhandel angeboten. Mit diesem Futter werden keine ansteckenden Krankheiten übertragen.

Füttern: Wenn Sie das Futter in einen Futterring streuen, verteilt es sich nicht über die ganze Wasseroberfläche. So können Sie genau sehen, was gefressen wird, und haben eine gute Futterkontrolle.

Angeboten werden zum Beispiel Wasserflöhe, rote und schwarze Mückenlarven, Flohkrebse, Schwebegarnelen und antarktischer Krill. Vor allem die roten Mückenlarven und der Krill enthalten viele Karotinoide, das sind Farbstoffe, die auch die Färbung Ihrer Fische sehr vorteilhaft beeinflussen. Die Futtertiere sind reich an Ballaststoffen und unterstützen so die Verdauung der Fische aufs beste.

Das Auftauen erfolgt möglichst schonend, indem man entweder eine ganze Tafel mitsamt Verpakkung in ein Gefäß mit kaltem Wasser legt und danach den Inhalt durch ein Sieb spült, oder Stücke davon in einem Kaffeesieb unter kaltes Wasser hält, bis das Futter aufgetaut ist. Kein heißes Wasser verwenden, sonst haben Sie hinterher nur Matsch.

Lagerung: Frostfutter kann in einem Gefrierschrank gut aufbewahrt werden, jedoch nicht länger als ein Vierteljahr.

Pflanzliches Futter

Goldfische und Kois nehmen auch gern pflanzliche Kost. Algen, wie sie im Teich zu finden sind, fehlen allerdings im Aquarium. Hier bietet sich als Ersatz Kopfsalat an. Den Salat vorher stets gut waschen, da er stark nitratbelastet ist, beziehungsweise am besten aus biologischem Anbau nehmen. Auch Spinat, frisch oder gefroren, ist geeignet. Klemmen Sie hin und wieder einige Blätter mit Draht, wie er im Zoohandel zum Bündeln von Wasserpflanzen verwendet wird, zusammen und legen Sie sie auf den Beckengrund. Ihre Fische können dann die rasch weich werdenden Blätter abweiden.

Auch immer mal wieder auf die Wasseroberfläche gestreute Haferflocken sind für Goldfische und Zierkarpfen eine gute pflanzliche Beikost.

Gesunderhaltung und Krankheiten

Goldfische und Zierkarpfen sind sehr robust und werden bei guter Pflege kaum von Krankheiten heimgesucht. Dennoch sollen hier für den Fall des Falles einige Ratschläge erteilt werden. Das ist deshalb besonders wichtig, weil Sie, im Gegensatz zu anderen Heimtieren, auch heute noch kaum einen Heimtierarzt finden, der sich bei Fischkrankheiten wirklich auskennt. Zoofachhändler, die langjährige Erfahrung mit Fischen haben, können Ihnen auch mit ihrem Rat dienen.

Vorbeugen ist besser als Heilen

Wer seine Fische möglichst abwechslungsreich füttert und darauf achtet, daß sie weder verfetten noch abmagern, erhöht ihre Widerstandskraft gegen Krankheiten. Das ist wichtig, denn der Lebensraum Wasser erleichtert die Übertragung von ansteckenden Krankheiten ungemein.

Wasserhygiene

Aquarium: Der regelmäßige Wasserwechsel, die Reinigung des Filters dürfen nicht hinausgeschoben werden.

Gartenteich: Abgestorbene Blätter von Wasser- und Sumpfpflanzen sowie Fallaub sind unverzüglich zu beseitigen. Hier häufen sich sonst die Stickstoffverbindungen Ammonium, Nitrit und Nitrat so beträchtlich an, daß die Fische auf Dauer geschwächt werden. Es liegt auf der Hand, daß Tiere in einer Dreckbrühe öfter erkranken als in sauberem, gepflegtem Wasser.

Quarantäne: Ist ein Krankheitserreger erst einmal in ein Aquarium oder einen Teich gelangt, breitet er sich in der Regel sehr rasch, ja explosionsartig aus.

Deshalb muß für neue Fische die Quarantäne unbedingt eingehalten werden (→ Seite 8). Gerade bei Teichfischen kann man nicht vorsichtig genug sein, denn ein gut bepflanzter Gartenteich ist nicht zu desinfizieren, und viele Keime haben eine lange Lebensdauer.

Hinweis: Dennoch, sei es nun aus Sorglosigkeit oder wegen unglücklicher Umstände, kann es vorkommen, daß Ihre Fische krank werden. Nachfolgend finden Sie die Beschreibung der häufigsten Erkrankungen von Goldfischen und Kois.

Sollten in Ihrem Aquarium oder Teich Fische sterben, ohne daß Sie charakteristische Krankheitssymptome finden, dann überprüfen Sie bitte sofort die Wasserverhältnisse.

Achtung: Fischmedikamente müssen unbedingt vor Kindern gesichert werden.

Erkrankungen durch einzellige Parasiten

Weißpünktchen-Krankheit

Ursache: Wird von einem Einzeller, dem Wimpertierchen *Ichthyophthirius multifiliis* hervorgerufen, das in die Haut eindringt und sie erheblich schädigt. Häufigste ansteckende Krankheit in Teich und Aquarium.

Erscheinungsbild: Leicht zu erkennen an grießkornartigen weißen Pünktchen von 0,2 mm bis 1 mm Durchmesser an Flossen, Schwanz und Haut der Fische. Es sind die voll entwickelten Parasiten unter der Schleimhaut der Fische. Nach einigen Tagen fallen sie ab und teilen sich am Boden jeweils in bis zu 1000 Tochterzellen (Schwärmer), die sich dann innerhalb von zwei Tagen einen neuen Wirt suchen. Infolge der ungeheuren Vermehrung erreicht die Erkrankung sehr rasch ein kritisches Stadium. Die Fische scheuern am Grund und versuchen die Parasiten abzukratzen. Später hängen sie auch an der Oberfläche und schnappen nach Luft. Im Endstadium liegen sie lustlos am Grund.

Behandlung: Sehr einfach. Zwar ist der voll entwickelte Parasit unter der Haut nicht angreifbar, wohl aber seine Schwärmer. Der Zoofachhandel bietet verschiedene Präparate an, die meist auch gegen andere Parasiten helfen. Nach Abschluß der Behandlung etwa ⅓ des Aquarienwassers unter sorgfältigem Absaugen des Bodens wechseln. Medikamentengabe nach 14 Tagen wiederholen.

Chilodonella cyprini

Großer herzförmiger Hauttrüber

Ursache: Die Erkrankung tritt vor allem bei niederen Temperaturen auf, ist daher im Kaltwasseraquarium und in Teichen nicht selten. Sie bricht bevorzugt dann aus, wenn das Wasser durch Abfall stärker belastet ist.

Erscheinungsbild: Die befallenen Fische zeigen zunächst Atembeschwerden, hängen an der Oberfläche und schnappen nach Luft, oder sie liegen auf dem Grund. Später haben sie durch verstärkte Schleimabsonderung einen weißen Belag auf der Haut; diese kann sich zuletzt in Fetzen ablösen.

Behandlung: Da sich die Erreger nicht in die Haut einbohren, können sie mit den bereits erwähnten Medikamenten (→ Weißpünktchenkrankheit, Seite 27) sicher und rasch behandelt werden, ohne daß Sie warten müssen, bis sie sich vom Wirtsfisch lösen. Nach Abschluß der Behandlung Teilwasserwechsel durchführen.

Eine ernstgenommene Wasserhygiene ist zur Vorbeugung wichtig (Seite 27).

Costia necatrix

Bohnenförmiger Hauttrüber

Ursache: Eine einzellige Geißelalge, befällt ebenfalls Haut und Kiemen. Häufig bei Goldfischen und Kois, vor allem im Frühjahr und Herbst, nach dem Transport oder dem Umsetzen in ein anderes Becken.

Erscheinungsbild: Ähnlich wie beim Großen Hauttrüber. Atemnot, apathisches Liegen am Grund oder Scheuern. Leichter bläulich-weißer Hautbelag.

Behandlung: Wie bei den vorherigen. Einsatz eines Breitbandmittels gegen Außenparasiten der Aquarienfische aus dem Zoofachhandel. Der Erreger ist recht empfindlich, so daß auch diese Krankheit ziemlich schnell kuriert werden kann, wenn man mit der Behandlung nicht zu lange gewartet hat.

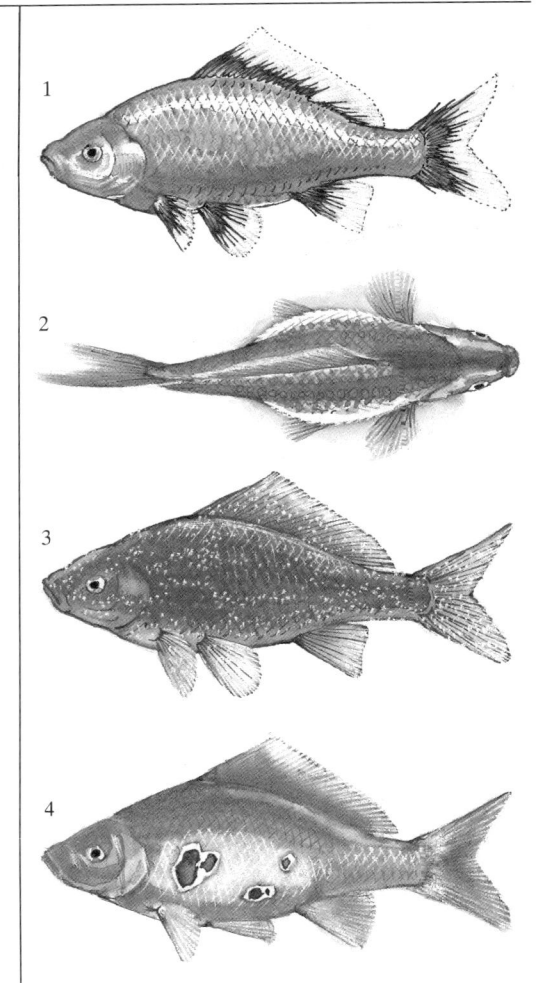

Häufige Fischkrankheiten
1 Bakterielle Flossenfäule: Einschmelzung der Flossen;
2 Akute Bauchwassersucht: Die Schuppen sind gesträubt, der Leib ist aufgetrieben;
3 Weißpünktchen-Krankheit: Hervorgerufen durch Parasiten, die in die Haut eindringen;
4 »Goldfischkrankheit«: Chronische Bauchwassersucht, vor allem bei Goldfischen.

Erkrankungen durch Bakterien und Pilze

Akute Bauchwassersucht
Ursache: Bakterien der Gattungen *Pseudomonas* und *Aeromonas*. Folge von Haltungsmängeln. Bakterielle Erkrankungen treten bevorzugt nach der Überwinterung, längeren Transporten oder nach einer Vernachlässigung des Aquariums auf. Durch Schädigung der inneren Organe kommt es zu einer starken Füllung der Leibeshöhle mit Flüssigkeit und zur Schädigung der Haut.
Erscheinungsbild: Die Fische sind zum Teil unförmig aufgetrieben, die Schuppen sehen wie gesträubt aus, ähnlich einem aufgeplustertem Vogel.
Behandlung: Nicht ganz unproblematisch. Ist nur ein einzelner Fisch befallen, entfernt man ihn am besten und tötet ihn (→ Seite 31). Die übrigen Fische besonders sorgfältig pflegen und für gesunde Verhältnisse im Teich oder Aquarium sorgen. Die Erreger der Bauchwassersucht sind normalerweise in jedem Wasser vorhanden, können aber nur geschwächte Fische ernstlich schädigen. Gesunde Fische haben genügend Abwehrkräfte.
Bei vermehrtem Auftreten hilft eine Behandlung mit Antibiotika weiter. Sich dabei genau an die Dosierung halten, da es sehr schnell zur Entwicklung widerstandsfähiger Keime kommt. Es gibt Chloramphenicol in der Dosierung 2 g pro 100 l Wasser, Terramycin in der Dosierung 3–4 g pro 100 l Wasser und Neomycin-Sulfat in der Dosierung 4–5 g pro 100 l Wasser, jeweils 3 Tage lang. Danach ist ⅓ des Wassers zu wechseln. Die Mengenangaben beziehen sich jeweils auf den reinen Wirkstoff. Antibiotika bekommen Sie nur gegen ein Rezept des Tierarztes!

Chronische Bauchwassersucht
Ursache: Dieselbe wie bei der akuten Bauchwassersucht. Sie tritt vor allem im Frühjahr an Goldfischen auf und wird deswegen auch »Goldfischkrankheit« genannt.
Erscheinungsbild: Gekennzeichnet durch ausgeprägtes apathisches Verhalten. Fische liegen am Grund oder stehen träge unter der Wasseroberfläche, fressen nicht und schwimmen mit geklemmten Flossen schaukelnd durch das Wasser. Charakteristisch sind blasse oder rote Flecken auf der Haut und blutige, von einem dunklen Rand umgebene Geschwüre. Später kommt es zu Flossenzerstörungen und Infektionen mit Wasserschimmelpilz, der in die geschädigte Haut eindringt (→ Seite 30).
Behandlung: Wird die Wassertemperatur auf über 20° C erhöht, kann die weitere Ausbreitung der Krankheit auf gesunde Fische verhindert werden. Gelegentlich überstehen die Fische die Goldfischkrankheit ohne medikamentöse Behandlung. Meist gehen sie jedoch daran zugrunde, wenn nicht eines der erwähnten Antibiotika (→ nebenstehend) eingesetzt wird. Bewährt hat sich auch das in der Humanmedizin gebräuchliche Medikament Baktrim, in einer Dosierung von 4 Tabletten pro 100 l. Das Medikament ist allerdings sehr teuer, außerdem verschreibungspflichtig.

Bakterielle Flossenfäule
Ursache: Diese Schäden treten in der Regel nur nach mechanischen Verletzungen der Flossen auf, etwa nach dem Herausfangen oder Umsetzen.
Erscheinungsbild: Einschmelzung der Flossen, die am Rand beginnt und bis zur Flossenbasis fortschreiten kann. Es kommt zu Entzündungen.
Behandlung: Meist schon durch die Mittel gegen Fischkrankheiten zu heilen, die es im Zoofachgeschäft gibt. In hartnäckigen Fällen helfen Neomycin-Sulfat oder Baktrim.

Fischtuberkulose
Ursache: Sie wird von Bakterien der Gattung *Mycobacterium* hervorgerufen, das in allen Gewässern zu finden ist. Tritt gelegentlich bei Fischen auf, die schlecht gehalten werden.
Erscheinungsbild: Abmagerung, lustloses Verhalten, Appetitlosigkeit, Flossenklemmen, schaukelnde Bewegungen, Dunkelfärbung, zum Teil Glotzaugenbildung und Geschwürbildung. Die einmal akut ausgebrochene Krankheit verläuft im allgemeinen tödlich.

Behandlung: Heilung nur sehr schwer möglich und die Gefahr der weiteren Ausbreitung, des Übergreifens auf andere Fische sehr groß. Daher sind solche Fische am besten zu töten (→ Seite 31). Beste Vorbeugung sind sauberes Wasser, gutes Futter und kein zu dichter Fischbesatz.

Wasserschimmelpilz

Ursache: *Saprolegnia spec.*, ein Schwächeparasit, der bei Fischen häufig vorkommt, aber nur dort, wo Gewebe mechanisch oder durch Schädlinge oder Krankheitserreger geschädigt ist.

Erscheinungsbild: Typisch sind dichte, wattebauschartige Belege auf der Haut.

Behandlung: Muß auf die Grunderkrankung gerichtet sein. Vorzugsweise Medikamente einsetzen, welche die Haut der Fische vor Eindringen der Bakterien bewahren, das heißt übliche Präparate des Zoofachhandels, in sehr hartnäckigen Fällen eventuell auch ein Antibiotikum (Chloramphenicol, Neomycin-Sulfat oder dergleichen). Dosierung → Akute Bauchwassersucht, Seite 29.

Parasitische Krebse und Würmer

Karpfenlaus, *Argulus sp.*

Ursache: Der häufige parasitische Krebs von etwa 5 mm Größe ist stark abgeplattet und besitzt zwei Pigmentaugen. Er heftet sich mit zwei Saugnäpfen an seinem Wirt fest, durchbohrt dessen Haut mit einem Stachel und gibt sein Gift ab, das Schmerzen, Entzündungen und Schwellungen hervorruft. Die Karpfenlaus saugt das Blut der Fische und verursacht Hautverletzungen, die weiteren Infektionen Tür und Tor öffnen.

Erscheinungsbild: Befallene Fische sind unruhig, schießen durch das Wasser und versuchen, durch Scheuern ihre Peiniger wieder loszuwerden.

Behandlung: Bei geringem Befall im Aquarium hilft das Ablesen mit einer Pinzette, ansonsten hat sich Masoten® (verschreibungspflichtig) in einer Dosierung von 0,4–0,8 mg/l bewährt. Nach 14 Tagen kann die Behandlung wiederholt werden.

Lernaea

Ursache: Dieser schmarotzende Krebs macht sich als kleines, bis 1 cm langes, braunes oder weißes Stäbchen bemerkbar, das mit seinem mit Haken versehenen Kopf in der Haut der Fische verankert ist. Nur die Weibchen setzen sich fest. Sie tragen am freien Ende zwei transparente Eipakete.

Erscheinungsbild: Mit Lernaea befallene Fische schwimmen scheu, sind unruhig und scheuern auf dem Grund. Wenige Lernaeen werden ohne weiteres vertragen; bei stärkerem Befall magern die Fische ab. Die von den Parasiten verursachten Haut- und Muskelwunden sind oft Ausgangspunkt für sekundäre bakterielle Infektionen.

Behandlung: Mit Masoten® → Karpfenlaus.

Kiemenwürmer, *Dactylogyridae*

Ursache: Diese Parasiten schädigen das Kiemengewebe erheblich und rufen eine übermäßige Schleimproduktion hervor. Die Folge sind Atmungsbeschwerden.

Erscheinungsbild: Fische stehen mit abgespreiztem Kiemendeckel an der Wasseroberfläche und atmen stark. Sie erscheinen lustlos, zeigen wenig Appetit, magern ab. Häufig weisen die Tiere eine Dunkelfärbung auf und scheuern sich auf dem Grund. Flossenzucken ist stets ein Hinweis auf Kiemenwürmer. Es kann in der Folge auch zur Flossenzerfaserung und zu sekundären Infektionen kommen.

Behandlung: Mit Masoten® (→ Karpfenlaus). Manche Kiemenwürmer sind dagegen schon resistent geworden, was die Heilung unter Umständen schwierig macht. Daher wird heute gelegentlich für ein bis zwei Tage das Präparat Flubenol–5% (verschreibungspflichtig) eingesetzt, in einer Dosierung von 200 mg pro 100 l (vorher in 5–10 ml DMSO = Dimethylsulfoxid gelöst), anschließend Erneuerung der Hälfte des Aquarienwassers.

Fischegel, *Piscicola geometra*

Ursache: Sie werden gelegentlich in Teiche oder Aquarien eingeschleppt und können sich unter Umständen vermehren. Sie setzen sich mit zwei Saugnäpfen auf Fischen fest und saugen Blut. Auf

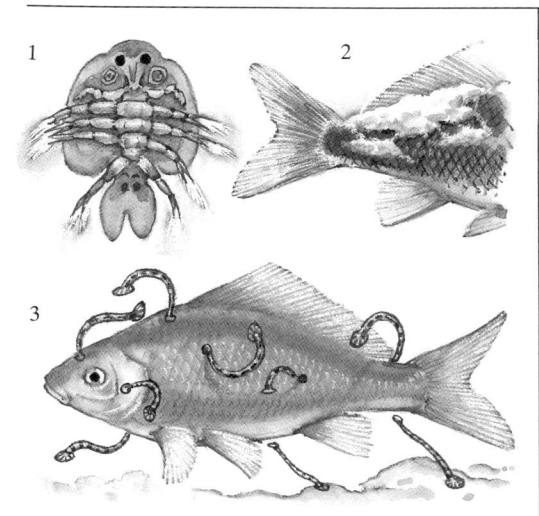

Verursacher von Fischkrankheiten
1 Karpfenlaus, 2 Wasserschimmelpilz, 3 Fischegel.

diese Weise schwächen sie die Fische und machen sie anfällig für weitere Infektionen.

Erscheinungsbild: Man kann die 2 bis 4 cm großen Plagegeister auf der Körperoberfläche erkennen. Befallene Fische sind unruhig, scheuern sich und versuchen so, die Parasiten abzustreifen.

Behandlung: Abhilfe schafft bei geringem Befall das Ablesen von Einzeltieren, ansonsten hilft auch hier Masoten® (→ Karpfenlaus, Seite 30).

Ansteigen des Nitratgehalts

In Aquarien und Teichen, die übersetzt sind, beziehungsweise deren Pflege vernachlässigt wurde, kann der Nitratgehalt sehr stark ansteigen. Auch bei unmäßiger Fütterung tritt dies leicht ein. Nitrat fällt als Endstufe des Eiweißabbaus in jedem Gewässer an, auch im Aquarium, und ist für Fische relativ harmlos. Es wird selbst in einer Konzentration von 100 mg pro l noch vertragen. Im Teich kann es nur durch sehr guten Pflanzenwuchs abgebaut werden. Die wuchernden Pflan-

zen regelmäßig kürzen und aus dem Wasser entfernen, da sonst bei ihrem Absterben das Nitrat wieder frei wird. Im Aquarium hilft nur ein regelmäßiger Teilwasserwechsel.

Steigt jedoch aus Nachlässigkeit der Nitratgehalt auf höhere Werte, so macht sich das bei den Fischen durch apathisches Verhalten und Anfälligkeit für Infektionen bemerkbar. Bei 500 mg Nitrat pro l Wasser ist die Grenze schließlich erreicht. Die Fische liegen am Grund des Beckens und gehen rasch zugrunde. Bei ordentlicher Pflege dürfte dies nicht vorkommen, dennoch möchte ich Sie darauf hinweisen, da ich in vielen Fällen akute Nitratvergiftung bei Fischen gesehen habe. Kontrollieren Sie das Wasser regelmäßig mit Meßreagenzien (im Zoofachhandel erhältlich).

Wo Sie noch Rat finden

Die hier genannten Krankheiten gehören zu den häufigsten, und sicherlich können manche andere mit den angegebenen Medikamenten auch geheilt werden. Wenn Sie dennoch einmal nicht weiter wissen, wenden Sie sich an ihren Zoofachhändler oder Tierarzt oder an ein tierärztliches Untersuchungsamt. Dort gibt es in der Regel einen auf Fischkrankheiten spezialisierten Mitarbeiter, oder man kann Ihnen wenigstens eine Beratungsstelle nennen (→ Adressen und Literatur, Seite 56).

Töten eines Fisches

Einen unheilbar erkrankten Fisch töten Sie am besten durch einen Genickschnitt. Dazu halten Sie den Fisch fest und durchtrennen blitzschnell die Wirbelsäule unmittelbar hinter dem Kopf, und zwar bei größeren Tieren mit einem scharfen Messer, bei kleineren mit einer Schere. Es ist auf jeden Fall besser als ein langes Leiden des Fisches oder eine Ansteckung seiner Mitbewohner in Aquarium oder Teich. Sollten Sie das nicht fertigbringen, so bitten Sie einen Aquarienkollegen oder Ihren Zoofachhändler darum.

Häufige Krankheitserscheinungen bei Goldfischen und Kois

Merkmale	Ursache	Abhilfe
Fische schnappen an der Wasseroberfläche nach Luft	a) Sauerstoffmangel	a) Durchlüftung, Wasserbewegung durch Umwälzpumpe, Gabe von H_2O_2 im Aquarium, Wasserwechsel
	b) Kiemenschäden durch Infektionen, Weißpünktchen-Krankheit, *Chilodonella, Costia necatrix*	b) Medikamentöse Behandlung
Fische liegen apathisch am Grund oder stehen matt unter der Wasseroberfläche, zeigen Appetitlosigkeit	a) Wasser zu kalt (Schleierschwanzhochzuchten)	a) Wassertemperatur allmählich erhöhen
	b) Nitratgehalt im Wasser zu hoch	b) Wasserwechsel
	c) Infektionen, Weißpünktchen-Krankheit, *Chilodonella, Costia necatrix*, Fischtuberkulose, Chronische Bauchwassersucht	c) Medikamentöse Behandlung
Dunkelfärbung der Haut, Fische schwimmen mit taumelnden Bewegungen, magern ab	a) Fischtuberkulose	a) Keine Heilung möglich, befallene Tiere abtöten
	b) andere Infektionen, Karpfenlaus, Fischegel	b) Medikamentöse Behandlung
Fische sind unruhig, scheuern sich fortgesetzt oder häufiger an Steinen, Wurzeln, Pflanzen und so weiter	a) Infektionen, Weißpünktchen-Krankheit	a) + b) Medikamentöse Behandlung
	b) Parasitische Krebse und Würmer, Kiemenwürmer, Karpfenläuse, Lernaea, Fischegel	
	c) eventuell mechanische Beschädigungen der Haut	c) gegen sekundäre Infekte Methylenblau oder Heilmittel aus dem Zoofachhandel gegen Ektoparasiten ins Wasser geben.
Dünner, weißer Hautbelag (gelegentlich später auch rote oder blaue Flecken)	*Costia necatrix*	zahlreiche Medikamente im Zoofachhandel; im Teich eventuell Malachitgrün

Häufige Krankheitserscheinungen bei Goldfischen und Kois

Merkmale	Ursache	Abhilfe
Dicker, weißer Hautbelag später Hautablösungen	*Chilodonella cyprini*	zahlreiche Medikamente im Zoofachhandel; im Teich eventuell Malachitgrün
Grießkornartige weiße Pünktchen auf Körperoberfläche, Flossen, Schwanz	Weißpünktchen-Krankheit *(Ichthyophtirius multifiliis)*	zahlreiche Medikamente im Zoofachhandel
Körper aufgetrieben, Schuppen abgesträubt	Akute Bauchwassersucht	Chloramphenicol 2 g/100 l Terramycin 3–4 g/100 l Neomycinsulfat 4–5 g/100 l
Körper mit roten Flecken oder dunkelumrandeten roten Geschwüren	Chronische Bauchwassersucht (»Goldfischkrankheit«)	Chloramphenicol 2 g/100 l Terramycin 3–4 g/100 l Neomycinsulfat 4–5 g/100 l
Flossengewebe stirbt ab, es kommt zur Einschmelzung und starker Flossenzerstörung	a) Bakterielle Flossenfäule b) mechanische Schäden mit nachfolgender Sekundar-Infektion	Heilmittel aus dem Zoofachhandel
Wattebauschartige Beläge auf Flossen oder Haut	Wasserschimmelpilz	Heilmittel aus dem Zoofachhandel
Starke Schleimbildung der Haut	Kiemenwürmer	Masoten®
Kleine rote Flecken und Geschwüre von Stecknadelkopfgröße. Kleine abgeplattete Parasiten (5 mm) mit 2 Augenpunkten auf der Haut sitzend	Karpfenläuse (*Argulus*)	einzelne Karpfenläuse mit der Pinzette ablesen. Bei stärkerem Befall Masoten®
Kleine, bis maximal 1 mm lange weiße Stäbchen in der Haut fest verankert. Am freien Ende tragen sie zwei Eipakete.	Lernaea-Krankheit	Masoten®
Braune Würmer von 2 bis 4 cm Länge, die sich mit je einer Saugscheibe am Vorder- und Hinterende festsaugen.	Fischegel (*Piscicola geometra*)	einzelne Egel mit der Pinzette ablesen. Bei stärkerem Befall Masoten®

Fische verstehen lernen

Fische sind wasserbewohnende Wirbeltiere, die mit Kiemen atmen und deren Körper üblicherweise mit Schuppen bedeckt sind. Sie besitzen Flossen und haben noch zahlreiche weitere charakteristische Merkmale. Ihr Lebensraum, das Wasser, bedingt eine Reihe von Anpassungen, die natürlich auch auf Goldfische und Kois zutreffen.

Stammformen: Aus der Silberkarausche, die immer wieder in goldgelben oder orangefarbenen Exemplaren auftritt, wurde der Goldfisch gezüchtet.

Körper- und Umgebungstemperatur

Fische sind wechselwarme Tiere, das heißt, ihre Körpertemperatur gleicht der Temperatur des sie umgebenden Wassers. Sie können nicht, wie etwa die Säugetiere, ihre Temperatur aktiv regeln. Einerseits bedeutet das einen Vorteil für die Fische, da sie sich so gewaltige Energiemengen sparen. Andererseits hat das den Nachteil, daß sie an den Temperaturbereich ihrer Heimatgewässer in der Regel sehr stark angepaßt sind und nicht ohne weiteres in andere Klimazonen der Erde verfrachtet werden können.

Goldfische und Kois gehören zu den wenigen Fischen, die sich sowohl an kühles wie an warmes Wasser anpassen. Sie ertragen Temperaturen von 1° C ebenso wie 37° C, optimal ist es für sie ungefähr zwischen 16° und 27° C.

Der Körperbau

Alle Fische haben einen stromlinienförmigen Körper, um sich im dichten Medium Wasser vorwärtszubewegen. Ein relativ spitz zulaufender Kopf und ein langgestreckter Körper, der seitlich zusammengedrückt, also eher höher als breit ist, helfen, den Widerstand gering zu halten.
Goldfische und Zierkarpfen, die seit Jahrhunderten domestiziert werden, sind auf das schnelle Vorwärtskommen nicht mehr angewiesen. Die zum Teil bizarren Formen der Goldfische sind für das Leben in der Natur sogar recht unzweckmäßig, da sie dem Wasser einen hohen Widerstand entgegensetzen und die Beweglichkeit der Fische einschränken. Als reine Haustiere stört sie das aber nicht.

Die Flossen

Sie sind die Fortbewegungsorgane der Fische. Brust- und Bauchflossen sind paarig, Rücken-, After- und Schwanzflossen sind unpaarig. Gestützt werden alle Flossen durch weiche, biegsame Spangen, die Flossenstrahlen. Die Schwanzflosse dient hauptsächlich dem Antrieb zum Vorwärtsschwimmen, die übrigen Flossen helfen beim Steuern. Bei den Goldfischen findet man, bedingt durch tausend Jahre Züchtung, die verschiedensten Flossenformen. Es gibt schleierartige, wunderbar verfeinerte Rücken- und Schwanzflossen, bei manchen Rassen fehlen sie hingegen ganz. Die Schwanzflosse kann zudem doppelt, drei- und vierfach sein. Dies behindert die Fische natürlich im Vergleich mit der Stammform. Aber sie sind ja Haustiere und erleiden dadurch keinen Schaden.

Fische verstehen lernen

Die Haut

Auch die Haut ist an die Besonderheiten des Lebens im Wasser angepaßt. Um den Reibungswiderstand weiter herabzusetzen, produziert sie beachtliche Mengen Schleim. Er macht die Fische schlüpfrig und hat zudem die wichtige Funktion, krankheitserregende Keime am Eindringen in den Körper zu hindern. In der Unterhaut sitzen als knöcherne Schildchen, dachziegelförmig übereinander angeordnet, die Schuppen. Sie geben der Haut Festigkeit und stellen einen wirksamen Schutz gegen Verletzungen dar.
Bei manchen Goldfischarten, dem »Büffelkopf« zum Beispiel, verdickte sich die Ober- und Lederhautschicht zu üppigen Wucherungen.

Die Farbe

Die Haut und die oberste Schicht der Unterhaut tragen die Farbe von Goldfisch und Zierkarpfen. Die Farbstoffe oder Pigmente sind in bestimmten Zellen eingelagert. Man kennt Zellen mit schwarzen, gelben, braunroten Pigmenten und mit dem silbrig-weißen Guanin, das den Goldfischen ihren Metallglanz verleiht.
Frisch geschlüpfte Goldfische sind wie die gewöhnlichen Karauschen unscheinbar braun gefärbt und nehmen erst nach zwei bis drei Monaten ihre charakteristische Goldfarbe an. Werden Goldfische im Dunkeln gehalten, bildet sich die Goldfärbung auffallenderweise innerhalb einiger Monate zurück.

Die Schwimmblase

Daß Fische im Wasser schweben können, verdanken sie einem besonderen Organ, der Schwimmblase. Sie ist ein gasgefülltes häutiges Gebilde, vergleichbar einem Luftballon, das je nach Füllung den Fisch »leichter« oder »schwerer« macht und so den Auftrieb steuert, wie eine Taucherweste. Sie ist mit dem Darm über eine Art Schlauch verbunden. Karpfenfische – wie Goldfische und Kois – können an der Wasseroberfläche Luft holen und sie in die Schwimmblase pressen, umgekehrt diese auch wieder leeren – eine Fähigkeit, die nur wenige Fische besitzen.

Beim Paarungsspiel »schlagen« Goldfische und Koi gern im flachen Wasser. Die Männchen schwimmen hinter den Weibchen her und stoßen sie mit der Schnauze gegen den Bauch, um sie zum Laichen bereit zu machen.

Die Atmung

Zum Atmen nutzen Fische den im Wasser gelösten Sauerstoff mit Hilfe ihrer Kiemen. Der Mund wird geöffnet und der Kiemendeckel abgespreizt. Dabei strömt Wasser in das Maul hinein, über die Kiemen hinweg und durch die Kiemenöffnung wieder ins Freie.
Die Kiemen sind empfindliche Gebilde. In ihnen wandert der Sauerstoff aus dem Wasser ins Blut und umgekehrt das im Körper entstandene Kohlendioxyd ins Wasser. Außerhalb des Wassers verkleben die zarten Kiemen sofort und können dann

ihre Funktion nicht mehr erfüllen. Wenn sie vertrocknen, stirbt der Fisch. Es versteht sich daher von selbst, daß die meisten Fische an Land nicht überleben.

Die Sinnesorgane

Sehen: Fische sind kurzsichtig und sehen höchstens 10 bis 12 m weit. Doch da das Wasser durch Algen und Schwebstoffe meist getrübt ist, würde ihnen Weitsichtigkeit auch nicht weiterhelfen. Farben können sie hingegen gut erkennen, wie Dressurversuche zeigen. Die Tiere mußten zum Beispiel ihr Futter in verschiedenfarbigen Näpfen suchen, oder sie wurden nur dann gefüttert, nachdem sie eine bestimmte Farbe unter anderen erkannt hatten.

Riechen: Fische haben ein sehr gutes Riechvermögen, was allerdings bei stark gründelnden Tieren wie Zierkarpfen und Goldfische für das Auffinden der Nahrung nicht von Bedeutung ist.

Schmecken: Auch der Geschmackssinn ist gut ausgeprägt, und auf diesen verlassen sich die im Boden wühlenden Goldfische und Zierkarpfen. Die Geschmackssinneszellen liegen hauptsächlich im Maul; beim Karpfen sind sie dort zu einem kissenförmigen Organ konzentriert. Daneben finden sie sich auch in größerer Zahl auf den Barteln, von denen Zierkarpfen vier Stück besitzen. Wenn bei der Nahrungssuche Geschmacksstoffe an die Barteln kommen, kann die Nahrung sofort aufgespürt werden.

Tasten: Zusätzlich dienen die Barteln auch als Tastorgane. Das charakteristische Sinnesorgan der Fische ist jedoch das sogenannte Seitenlinienorgan, mit dem sie sich hervorragend orientieren können. Nähert sich der Fisch einem festen Gegenstand, einer Wurzel, einem Stein oder einem anderen Fisch etwa, entsteht dabei ein leichter Druck auf der entsprechenden Körperseite, wodurch die Sinneszellen im Seitenkanal erregt werden. So spürt der Fisch selbst in völliger Dunkelheit jegliche Art von Hindernis und ist in der Lage, ihm rechtzeitig auszuweichen. Man nennt

dieses Sinnesorgan deshalb auch »Ferntastsinn«.

Hören: Das Gehör der Karpfenfische ist auch recht gut. Sie nehmen Töne zwischen ungefähr 20 und 6000 Hz wahr. Das entspricht einem Tonumfang von rund acht Oktaven. Dabei hilft die Schwimmblase als Schallverstärker mit; durch Schallreize wird sie in Schwingungen versetzt, die sie über die sogenannten »Weberschen Knöchelchen« auf das Ohr überträgt.

Wärmefühligkeit: Fische haben erwiesenermaßen auch Wärmesinnesorgane, mit deren Hilfe sie Wasser aufsuchen können, das die von ihnen bevorzugte Temperatur hat. Diese Sinnesorgane schlagen Alarm, wenn sich die Temperatur plötzlich verändert, und rufen Erkältungsreaktionen wie Hauttrübung und ähnliches hervor. Schon ein Temperaturabfall von 4° C kann beim Zierkarpfen derartiges bewirken. Bevor Sie also Fische ins Aquarium oder einen Teich setzen, muß ein sorgfältiger Temperaturausgleich durchgeführt werden.

Verhalten und Nahrungserwerb

Goldfische und Zierkarpfen sind – wie ihre Stammformen – friedliche Fische, die gern in lockeren Gruppen durch das Wasser ziehen. Zwischen den Artgenossen gibt es keinen Streit, ein Hinweis darauf, daß sie Allesfresser sind, die sich bei der Nahrungssuche nicht so schnell Konkurrenz machen.

Nahrungserwerb: Goldfische und Zierkarpfen haben ständig Appetit und suchen unablässig nach Nahrung. Mit wahrer Wonne stehen die Fische nebeneinander kopfüber auf dem Grund und wühlen

Verschiedene Zierkarpfen. ▷
Oben links: Shusui; oben rechts: Ohgon; unten links: Hi-Mizuho Ohgon; unten rechts: Asagi.

darin herum. Wird etwas Genießbares entdeckt, stülpen sie die beweglichen Lippen vor, fahren in den Boden und saugen mit einem Zug die Beute, ein Krebschen, einen Wurm oder ein Wasserinsekt etwa, ein. Ungenießbares, zum Beispiel Steinchen, Sand und Schlamm, wird hinterher wieder ausgespuckt. Daneben raspeln die Fische gern Algenrasen von Steinen, Wurzeln und anderen Pflanzen. Leider muß gesagt werden, daß vor allem die Zierkarpfen dabei auch vor den Blättern der Wasserpflanzen nicht Halt machen.

TastenDiese unablässige Nahrungssuche rührt aber nicht etwa daher, daß die Fische ungeheure Vielfraße wären, die sich den Magen bis zum Platzen »vollschlagen« würden. Das Gegenteil ist der Fall. Goldfische und Zierkarpfen haben nämlich gar keinen Magen und können daher Nahrungsmittel nicht auf Vorrat hinunterschlucken. Für sie gilt vielmehr die Regel: »Mäßig, aber regelmäßig!« Häufiger wenig füttern ist für sie besser als einmal viel. Daher sollte man ihnen im Aquarium oder im kleinen Teich wenigstens zweimal am Tag Futter anbieten.

Goldfische und Kois lernen recht schnell. Nach kurzer Zeit versammeln sie sich am Futterplatz, wenn sich ihm jemand nähert.

Die Fortpflanzung

Fische pflanzen sich bekanntlich durch Eier fort, die außerhalb des Körpers befruchtet werden. Im Frühjahr, wenn das Wasser auf 17° bis 18° C ansteigt, rüsten Goldfische und Zierkarpfen sich für

die Fortpflanzung. Das Männchen wird im zweiten Lebensjahr geschlechtsreif und Milchner genannt. Das Weibchen hingegen ist erst im dritten Lebensjahr geschlechtsreif und heißt Laicher.

Paarung: Die Bereitschaft zur Paarung zeigt sich an verschiedenen Merkmalen. Bei den Männchen erscheint der sogenannte Laichausschlag auf den Kiemendeckeln, bei den Weibchen wird der mit tausenden von Eiern prall gefüllte Bauch weich (→ Grundlagen der Goldfischzucht, Seite 40). Wenn es soweit ist, beginnen die Männchen die Weibchen zu jagen. Sie drängen sich an deren Seite und stoßen sie mit der Schnauze in den Bauch, um sie bereit zum Laichen zu machen. Bei ihrem mehr oder minder wilden Paarungsspiel planschen Karpfenfische bevorzugt im flachen Wasser. Man sagt, sie »schlagen«. Schließlich spritzen die Weibchen ihre Eier in eine Wolke von Samenzellen der Männchen.

Entwicklung der Jungfische: Der befruchtete Laich bleibt an Pflanzen kleben, wo sofort die Entwicklung beginnt. Sie dauert in 18°–20° C warmem Wasser etwa drei bis vier Tage. Dann schlüpfen die Larven, wie die Jungfische in diesem Stadium genannt werden. Sie haben eine Länge von etwa 6 mm und liegen am Boden. Ihre erste Nahrung besteht aus dem Dottervorrat des Eies, der im sogenannten Dottersack an der Bauchseite gespeichert wird. Er wird während der ersten Woche aufgezehrt. Danach müssen Jungfische selbst auf Nahrungssuche gehen.

Für die in der freien Natur lebende Karpfenfische ist es sehr wichtig, große Mengen an Eiern abzugeben, da sie ja keine Brutpflege betreiben und ihre Nachkommen völlig ungeschützt sind. »Kaviar« ist auch bei Wassertieren sehr geschätzt, und es gibt viele Laichräuber, zu denen selbst die Artgenossen gehören. Im ersten Jahr sind auch die Jungfische noch vielen Gefahren ausgesetzt, die ihnen von räuberischen Libellen oder Gelbrandkäferlarven, Barschen, Hechten und ähnlichem drohen. So überleben aus der großen Zahl von Eiern letztlich nur wenige Jungtiere und wachsen heran.

◁ Gewöhnlicher Goldfisch.
Verschiedene Farbschläge.

Grundlagen der Goldfischzucht

Die Goldfischzucht ist im Aquarium ohne weiteres möglich, im Gegensatz zur Vermehrung von Zierkarpfen, für deren Aufzucht unbedingt Teiche erforderlich sind. Sie ist daher für den Liebhaber im allgemeinen zu aufwendig. Deshalb werden hier nur Tips zur Goldfischzucht gegeben. Die Koizucht läuft prinzipiell gleich ab, nur ist der Aufwand bedeutend größer.

Das »Spiel« mit dem Erbgut

Die Zucht von Goldfischen und ihren Rassen ist ein hochinteressantes »Spiel« mit dem Erbgut dieser Fische und hilft zu verstehen, wie kompliziert die Erbanlagen, die Gene, zusammenarbeiten, wenn ein Lebewesen entsteht. Keineswegs gleichen die Jungen den Eltern völlig. Jedes einzelne ist ein Individuum, das aus der Fülle des elterlichen Erbgutes jeweils nur einen Teil erhält.

Schon in der Färbung sind die Nachkommen überaus verschieden. So hat ein rot-weiß geflecktes Elternpaar unter seinen etwa tausend Nachkommen nicht nur rot und weiß gefleckte Jungen, sondern auch einfarbig rote, gelbe oder rein weiße, ja selbst dreifarbige mit schwarzen Flecken tauchen auf.

Nur wenige Tiere sind, was die Färbung anbetrifft, als »Spitzentierausführung« zu bezeichnen. Das verleiht ihnen einen hohen Liebhaberwert. Hinzukommt, daß auch bei der Beflossung noch einmal große Unterschiede zu erwarten sind, wodurch der Reichtum an Farben und Formen unendlich ist.

Ein wenig Vererbungslehre

Das äußere Erscheinungsbild und besondere Eigenschaften wie Wüchsigkeit, Widerstandskraft und anderes werden bei den Lebewesen durch viele tausend Erbeigenschaften bestimmt. Ihre Vererbung folgt komplizierten Regeln, so daß hier nur kurz darauf eingegangen werden kann.

Daß bei Goldfischrassen immer nur einige Nachkommen einer Brut auch die gewünschten Eigenschaften tatsächlich zeigen, liegt daran, daß jedes einzelne Tier alle Erbeigenschaften (Gene) für Körperform, Flossenlänge, Farbe und ähnliches zweimal besitzt.

Ein kompletter Satz des Erbgutes kommt mit der Eizelle von der Mutter, ein zweiter mit der Samenzelle vom Vater. Bei der Befruchtung, das heißt beim Verschmelzen von Ei- und Samenzelle, wird das Erbgut dann verdoppelt. Dabei gibt es starke (= dominante) und schwache (= rezessive) Gene.

Ein starkes Gen braucht nur entweder vom Vater oder von der Mutter auf die Nachkommen übertragen zu werden, um dort äußerlich in Erscheinung zu treten; es kann aber auch von beiden stammen. Im ersten Fall nennt man die Jungen mit dieser Erbeigenschaft gemischterbig, im zweiten sagt man, die Jungen sind reinerbig.

Ein schwaches Gen muß dagegen sowohl vom Vater als auch von der Mutter kommen, um als sichtbares Merkmal ausgeprägt zu werden. Nur reinerbige Nachkommen zeigen das entsprechende Merkmal.

Beispiel: Die normale, das heißt einfache und relativ kurze Schwanzflosse des gewöhnlichen Goldfisches (→ Seite 46) wird durch ein starkes Gen bedingt, die doppelte schleierförmige Schwanzflosse des Schleierschwanzes (→ Seite 49) durch ein schwaches Gen. Kreuzen Sie einen gewöhnlichen reinerbigen Goldfisch mit einem Schleierschwanz (er ist immer reinerbig), so sind alle Nachkommen gemischterbig, das heißt, sie haben sowohl die Erbeigenschaften für normale kurze als auch für doppelte schleierförmige Flossen. Im Erscheinungsbild sind sie jedoch gewöhnliche Goldfische, da die einfache Form das starke Gen darstellt; es gibt unter ihnen keinen einzigen Schleierschwanz.

Kreuzen Sie nun die Jungen untereinander, passiert folgendes: 75% ihrer Kinder weisen eine normale kurze Schwanzflosse auf; sie sind entweder reinerbig für die normale Flosse oder gemischterbig. 25% weisen eine doppelt schleierförmige Flosse auf; sie sind dafür reinerbig.

Kreuzen Sie die Jungen mit einem Schleierschwanz, erhalten Sie 50% der Kinder mit einer normalen Flosse und nur gemischterbig. Die anderen 50% haben die doppelte schleierförmige Flosse und sind reinerbig (→ Zeichnung, Seite 41).

Grundlagen der Goldfischzucht

Diese Zahlenverhältnisse sind rein statistisch und spielen sich in der Natur nicht immer so genau ab wie hier auf dem Papier. Bei Ihren eigenen Zuchtversuchen können Sie vor allem dann von diesen Voraussetzungen ausgehen, wenn Sie wirklich nur die besten Tiere ausgewählt haben (→ nebenstehend). Die meisten Merkmale, vor allem die Körperfarbe, folgen noch komplizierteren Regeln. Wollen Sie sich in diesen Fragenkomplex einarbeiten, so müssen Sie zu einem Lehrbuch der Genetik greifen (→ Literatur, Seite 56).

Voraussetzungen für die Zucht

Wer Goldfische züchten will, muß seine Tiere optimal aufziehen. Nur abwechslungsreiche Fütterung und gut gepflegte Aquarien mit sauberem Wasser ergeben gut gewachsene, gesunde Fische. Auswahl: Setzen Sie nur Fische an, die einen einwandfreien, kräftigen Körper und je nach Typ eine gute Beflossung haben, kräftige Farben aufweisen und vital, daß heißt lebhaft und stets hung-

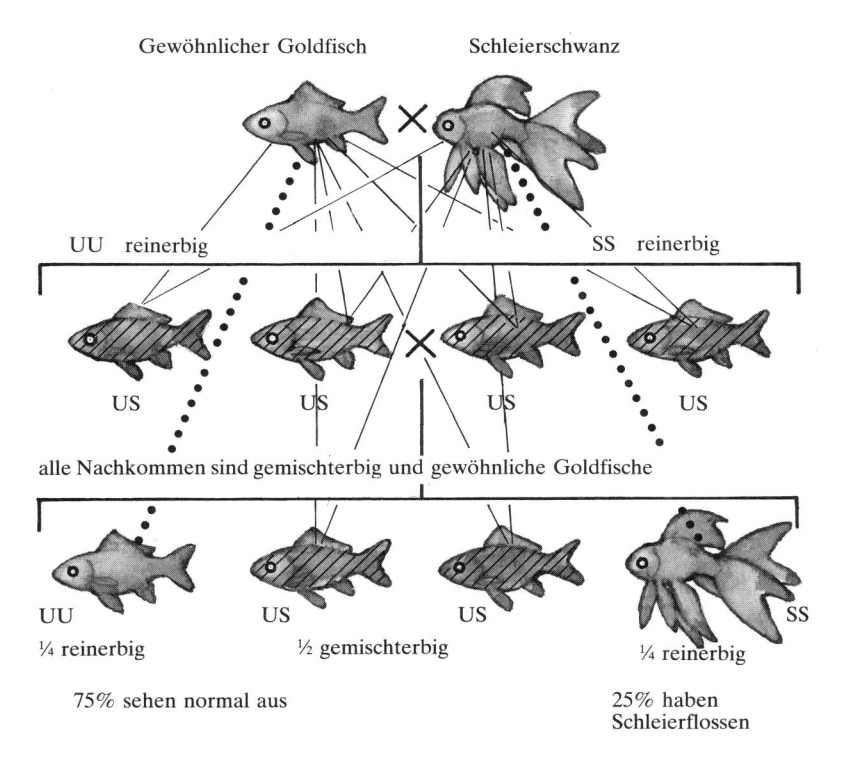

Bei der Kreuzung zwischen einem Gewöhnlichen Goldfisch und einem Schleierschwanz werden erst in der 2. Generation wieder Fische geboren, die eine doppelte schleierförmige Schwanzflosse aufweisen.

rig sind. Dann können Sie auch mit ebensolchem Nachwuchs rechnen. Vor allem bei den Schleierformen dürfen Tiere mit Fehlern, zum Beispiel unvollständig geteilter Schwanzflosse oder anderen Flossendeformationen zur Zucht nicht ausgewählt werden.

Zeitpunkt: Die beste Zeit zur Zucht ist für Goldfische im Frühjahr von Anfang April bis Anfang Juni. Halten Sie die Fische zur Vorbereitung den Winter über 3°–4° C kühler als sonst (→ Seite 21). Im März erhöhen Sie die Temperatur wieder und füttern kräftig. Wechseln Sie jetzt das Wasser nicht zu häufig, da später ein frisches Wasser das Ablaichen auslöst (→ Seite 43).

Geschlechtsreife

Goldfische erreichen mit zwei Jahren das fortpflanzungsfähige Alter, jedoch sind dreijährige Tiere am besten für die Zucht, will man große Mengen von Nachkommen haben. Danach werden die Bruten wieder kleiner. Aber selbst achtjährige Goldfische können sich unter Umständen noch fortpflanzen.

Die beiden Geschlechter sollten einige Zeit vor der Zucht getrennt werden, damit sie nicht vorzeitig und unkontrolliert ablaichen. Am besten pflegt man sie in zwei verschiedenen Aquarien. Zur Not kann man auch ein größeres Becken durch eine Trennscheibe unterteilen.

Geschlechtsunterscheidung: Als grobes äußeres Merkmal bietet sich die Leibesfülle an, jedoch nur bei langgestreckten Tieren, nicht bei Schleierschwänzen mit ihren massigen Körpern.

Weibchen sind zu Beginn der Laichzeit meist merklich runder und fülliger als die Männchen.

Die Laichreife erkennen Sie daran, daß der Bauch, der sich bis dahin bei vorsichtigem Betasten hart angefühlt hat, kurz vor dem Laichen wieder weich wird.

Die Männchen haben einen sogenannten Laichausschlag, das sind kleine weiße Knötchen auf den Kiemendeckeln und den ersten Brustflossenstrahlen.

Wenn Sie einen Goldfisch vorsichtig mit der Hand untersuchen, können Sie beim Männchen nur eine Öffnung in der Afterregion finden, beim Weibchen hingegen zwei, die sich bei Laichreife zudem leicht rosa färben und etwas vorwölben.

Ablaichbecken und Einsetzen

Ablaichbecken: Dafür eignet sich ein 100-l-Aquarium vorzüglich. Das Becken wird gründlich gesäubert und mit temperiertem Frischwasser aufgefüllt. Ein Bodengrund ist nicht erforderlich, da er später für die Kontrolle eher hinderlich ist. Belüften Sie das Becken wenigstens 24 Stunden, und legen Sie dann ein V2A-Gitter mit 1 cm Maschenweite hinein, das ungefähr 2 cm über dem Boden stehen muß.

Ablaichhilfen: Nun stecken Sie einige Büschel Wasserpflanzen, zum Beispiel Wasserpest, Cabomba oder Tausendblatt, auf den Rost. Sie können aber auch künstliches Ablaichsubstrat aus Perlonfasern, das grün eingefärbt ist, verwenden. Diese sogenannten Ablaichhilfen sollten etwa 10 cm hoch und so befestigt sein, daß sie beim Laichen nicht auseinandergewühlt werden können. Durch eine derartige Aquarieneinrichtung werden die Fische nach der Laichabgabe am Fressen ihrer Eier gehindert. Verwendet man sehr viele Pflanzen oder Laichgespinst, kann man sich das Edelstahlgitter auch sparen. Achten Sie darauf, keine Wasserschnecken mit ins Becken einzuschleppen.

Filter: Benützen Sie am besten einen Schaumstoff-Patronenfilter, dann besteht keine Gefahr, daß Eier oder später Jungfische abgesaugt werden; zudem bleibt das Wasser klar.

Einsetzen: Setzen Sie nach Möglichkeit zwei Männchen zu einem Weibchen. In einem 200-l-Becken können auch zwei bis drei Weibchen mit der entsprechenden Anzahl von Männchen zusammengebracht werden. Allerdings ist dann die Gefahr des Laichfressens größer.

Die beste Zeit für das Einsetzen ist der frühe Nachmittag. Dann haben die Tiere den restlichen

Tag und eine Nacht die Möglichkeit, sich aneinander und an die neue Umgebung zu gewöhnen. Der Reiz des frischen Wassers sorgt dafür, daß die Fische schnell zu treiben beginnen. So sagt man, wenn die Männchen hinter den Weibchen herschwimmen und sie mit der Schnauze in den Bauch stoßen. Nach ein bis zwei Tagen, oft sogar schon am nächsten Morgen, laichen die Fische ab.

Eiablage und Entwicklung der Eier

Die Eiablage beginnt meist kurz nach Sonnenaufgang und dauert dann einige Stunden. Dabei werden je nach Größe der Elterntiere bis zu sechstausend Laichkörner abgelegt – in vielen kleinen Portionen, die jeweils sofort von den Männchen befruchtet werden. Wenn die Weibchen ermattet sind, legen sie sich auf den Boden und reagieren auf die Werbung der Männchen nicht mehr. Nun können Sie die Fische vorsichtig herausfangen. Die befruchteten Eier, die am Substrat oder den Pflanzen festkleben, beginnen sich jetzt zu entwickeln. Sie sehen dies daran, daß sie dunkler werden. Nach ein bis zwei Tagen können Sie bereits die Augen der Keimlinge als zwei schwarze Punkte erkennen. Die Jungen schlüpfen nach zwei bis vier Tagen, je nach Wassertemperatur. Ihr Mund ist noch geschlossen, und sie besitzen einen Dottersack, von dessen Nährstoffen sie bis zum Freischwimmen leben. Deshalb nennt man sie Dottersacklarven. Während dieser Zeit haften sie, mit Klebedrüsen befestigt, an der Wand des Beckens oder auf dem Boden. Dem direkten Sonnenlicht sollte das Gelege auch nicht ausgesetzt sein. Sonst kann ein Teil der Eier absterben. Dem läßt sich bei sehr hellem Standort ganz leicht mit etwas Zeitungspapier abhelfen, bis die Jungen freischwimmen. Vorsicht bei unbefruchteten Eiern: In der Regel sind längst nicht alle Eier befruchtet. Die unbefruchteten werden weiß und lösen sich auf. Häufig wächst auf ihnen jedoch der Wasserschimmelpilz *Saprolegnia* (→ Seite 30), der nicht nur die abgestorbenen Laichkörner befällt, sondern auch die sich entwickelnden Keimlinge und sie vernichtet. Diese Gefahr besteht vor allem bei sehr dichten Gelegen mit vielen Laichkörnern, die eng aufeinanderhängen. Achten Sie deshalb auf weiß gewordene Eier und saugen Sie sie möglichst ab.

Schleierschwanzflossen in charakteristischen Ausformungen zeigen der Kometschweif (oben) und der Schleierschwanz (unten).

Um weiterem Befall vorzubeugen, geben Sie zum Schutz Acriflavin (Trypaflavin) ins Wasser. Dafür bereiten Sie eine 0,1%ige Stammlösung und rechnen jeweils 16,5 ml pro 10 l Aquarienwasser. Auch das gängige Desinfektionsmittel Rivanol kann verwendet werden. Da es aber wesentlich giftiger ist als Trypaflavin, müssen Sie es viermal so stark verdünnen. Das ungiftige Methylenblau hilft auch. Geben Sie davon so viel ins Wasser, daß Sie den Laich gerade noch sehen können. Der Zoofachhandel bietet Citex an.

Aufzucht der Jungen

Nach etwa drei Tagen haben die kleinen Goldfische ihren Dottersack aufgebraucht. Dann steigen sie zur Wasseroberfläche empor und füllen ihre Schwimmblase mit Luft. Erst danach sind sie in der Lage, wie richtige Fische horizontal zu schwimmen und Nahrung aufzunehmen.

Entfernen Sie vorsichtig den Laichrost, saugen Sie eventuell vorhandene Eier ab, damit sie das Wasser nicht verderben, und füllen Sie mit abgestandenem Frischwasser auf. Es muß unbedingt dieselbe Temperatur haben wie das Wasser im Aufzuchtbecken.

Die Jungen mehrfach am Tage in kleinen Portionen füttern, so daß sie ständig ein gerundetes Bäuchlein aufweisen. Dabei täglich die Futterreste mit einem dünnen Schlauch vom Boden absaugen.

Futter für die Jungbrut

Für die kleinen Goldfische und Schleierschwänze, die jetzt etwa 6 mm groß sind, stehen eine Menge Futtersorten zur Verfügung. Es gibt heute im Zoofachhandel gute Aufzuchtfutter, aber auch jedes andere Trockenfutter ist gut brauchbar. Man zerreibt es in einem Mörser zu feinem Pulver und streut es auf die Wasseroberfläche.

Hartgekochter Eidotter ist ebenfalls hervorragend geeignet. Drücken Sie ein erbsengroßes Stück oder auch zwei durch ein feines Haarsieb direkt ins Wasser. Der Dotter verteilt sich in einer Wolke von feinen Partikeln, die die ideale Größe für das Mäulchen der Jungfische haben und von hohem Nährwert sind.

Auch feiner Sojaschrot oder Hafermehl kann auf diese Weise durch ein feines Sieb auf die Oberfläche gestäubt werden.

Pantoffeltierchen: Sie sind eine wichtige Nahrung, die Sie sich selbst beschaffen können. Kohlrübenschnitzel in ein Glas mit etwa 200 ml Aquarien- oder Teichwasser geben. Nach ungefähr vierzehn Tagen Pantoffeltierchen, die sich massenhaft entwickelt haben, mit einer Pipette abziehen und in einer Nährlösung (abgekochtes Wasser mit ein bis zwei Tropfen Dosenmilch in Einmachgläsern stehen lassen, nochmals einen Tropfen hinzufügen) weiter kultivieren. Gelegentlich mit einem Tropfen Dosenmilch »düngen«. Pantoffeltierchen, die sich üppig vermehren, mit einem Löffel von der Oberfläche abschöpfen und ins Aufzuchtbecken geben. Kultur etwa alle vier Wochen neu ansetzen.

Die Nauplius-Larven des Salinenkrebschens, *Artemia salina*, sind ebenfalls ein wichtiger Futterorganismus. Die hartschaligen Dauereier (erhältlich im Zoofachhandel) können jahrelang trocken aufbewahrt werden. Die Krebslarven schlüpfen so: 25 g Kochsalz in ½ l Wasser lösen, in ¾-l-Flasche füllen und etwa 1–3 ml Artemiaeier dazugeben. Das Kulturgefäß muß belüftet werden, sonst sterben die Eier ab. Nach 48 Stunden schlüpfen die Larven. Vor dem Verfüttern mit Leitungswasser gut spülen.

Hinweis: Nach etwa zwei Wochen fressen die jungen Goldfische bereits kleine Wasserflöhe, Hüpferlinge, zerhackte Tubifex und Mückenlarven sowie zwischen den Fingern zerriebenes Trockenfutter.

Auslese und weitere Aufzucht

Ungefähr drei Wochen nach dem Schlupf haben die jungen Goldfische eine Länge von 1,5 cm erreicht und sollten sortiert werden. Senken Sie dazu vorsichtig den Wasserspiegel, und schöpfen Sie die Jungen behutsam nach dem anderen mit einer Kelle in eine flache Schale.

Hier können Sie mit bloßem Auge erkennen, ob das Fischlein die Beflossung seiner Eltern bekommt oder nicht. Formen mit doppelter Schwanzflosse müssen von ihren Geschwistern mit einfacher Beflossung getrennt werden, da diese in der Regel viel rascher wachsen und bald kannibalisch über die zukünftigen Hochzuchtfische herfallen. Es ist ratsam, die Brut auf mehrere Becken aufzuteilen, oder, falls das nicht möglich ist, sich von einem Teil zu trennen.

Für die weitere Aufzucht Fische in ein 200-l-Becken setzen und für regelmäßigen Wasserwechsel sorgen, der gut 20% in der Woche betragen kann, sobald die Jungfische 4 bis 5 cm groß sind. Je mehr Futter und Frischwasser den Jungen zur Verfügung stehen, desto besser wachsen sie. Der ideale Aufenthaltsort für junge Goldfische ist ein flaches Wasserbecken im Garten, das gut von der Sonne erwärmt wird. Hier können sie ungestört wachsen, bis sie im Herbst wieder ins Haus zurückgebracht werden.

Künstliche Befruchtung

Für Liebhaber, die gerne das recht ungestüme Liebesspiel ihrer Fische beobachten wollen, haben Methoden der künstlichen Vermehrung von Goldfischen keine besondere Bedeutung. Deswegen möchte ich nur die Technik des Abstreifens erwähnen, da Sie damit sicher Nachkommen von bestimmten, besonders schönen oder interessanten Tieren bekommen können.

Betäuben: Es empfiehlt sich, die Zuchttiere zu narkotisieren; sie werden sonst beschädigt, wenn sie sich in Ihrer Hand wehren. Als Narkotikum eignen sich MS-222-Sandoz® oder Metomidate (Hypnodil®-Janssen). Beide Mittel können Sie sich eventuell über einen Tierarzt besorgen. Hypnodil wird in einer Konzentration von etwa 5 mg pro l Wasser angesetzt. Bei MS-222 benötigen Sie 100 mg auf 1 l Wasser und zur Neutralisation noch 200 mg pro l Natriumbicarbonat, da sonst leicht Kiemenschäden auftreten können.

Fangen Sie die Zuchtfische aus dem Aquarium und geben Sie sie einige Minuten in die Narkoselösung, bis sie zur Seite kippen. Dabeibleiben und die Fische beobachten!

Abstreifen: Sie benötigen dazu ein feuchtes Tuch, eine kleine Plastikschüssel und einen kleinen Glasstab mit runder Kuppe.

• Holen Sie das betäubte Weibchen aus der Narkoselösung und legen Sie es mit dem Rücken vorsichtig auf das feuchte Tuch, das Sie über Ihre linke Hand gebreitet haben.

• Tupfen Sie mit den Tuchenden den Bauch des Tieres trocken, wobei Sie gleichzeitig prüfen können, ob das Weibchen wirklich einen weichen gefüllten Bauch hat und somit laichreif ist.

• Nun halten Sie den Fisch über die Plastikschüssel, drücken mit Daumen und Zeigefinger der rechten Hand leicht gegen die Bauchwand und streifen von vorne in Richtung der Afteröffnung. Ist das Weibchen wirklich laichwillig, quillt spätestens beim zweiten Streifen der Laich heraus und wird in der Schüssel gesammelt.

• Sobald das Weibchen »leergestreift« ist, wiederholen Sie die ganze Prozedur mit dem auserwählten Männchen. Seine Milch wird auf die gleiche Weise in die Schüssel gestreift.

Wichtig: Fisch und Gefäß müssen ganz trocken sein, da der Laich mit Wasser zunächst nicht in Berührung kommen darf.

• Nach dem Abstreifen setzen Sie die Tiere in ein Gefäß mit sauberem Aquarienwasser. Sie erwachen dann in kurzer Zeit und können in das normale Aquarium zurückgebracht werden.

• Rühren Sie Laich und Milch vorsichtig mit dem Glasstab zusammen.

• Erst wenn beides gründlich gemischt ist, geben Sie Wasser aus dem Zuchtbecken dazu. Jetzt findet die Befruchtung statt, da die Samenzellen nur im Wasser beweglich sind.

• Die befruchteten Eier werden gut im Aufzuchtbecken verteilt. Der weitere Ablauf gleicht dem bei der Naturbrut.

Der Vorteil dieser Methode liegt auf der Hand. Da die Eltern mit ihren Eiern überhaupt nicht in Berührung kommen, umgehen Sie jegliche Laichräuberei. Die Befruchtungsrate ist sehr hoch, außerdem wissen Sie genau, wer die Elterntiere sind. Nachteil ist, daß bei mangelndem Fingerspitzengefühl die wertvollen Zuchttiere Schaden nehmen können, vor allem dann, wenn das Weibchen noch nicht wirklich laichreif war und trotz allen Pressens keine Eier abgibt. In der Teichwirtschaft hilft man hier mit Hormonen nach, doch für den Hobbyzüchter verbietet sich, wie ich meine, solch ein Eingriff, der zudem auch nicht ganz ungefährlich ist.

Die beliebtesten Goldfischrassen

Spezielle Tips für die Haltung

Aquarium: Alle Rassen der Goldfische können problemlos im unbeheizten Zimmeraquarium gepflegt werden, selbst im Winter, wenn der Raum nur schwach beheizt ist. Sie sind am liebsten unter sich, ohne Konkurrenz anderer Fischarten. Im Aquarium eignen sich als Gesellschaft die große Posthornschnecke *(Planorbarius corneus)* und die lebendgebärende Sumpfdeckelschnecke *(Paludina vivipara)*. Diese beiden Schneckenarten richten an den Pflanzen keinen Schaden an und vertilgen Futterreste. Sinkt die Wassertemperatur im Aquarium nicht unter 18° C, dann ist die siamesische Schönflossenbarbe *(Epalzeorhynchus siamensis)* als Algenfresser eine gute Hilfe. Sie wird auch den langsam schwimmenden Zuchtformen des Goldfisches nicht lästig.

Daueraufenthalt in einem Teich: Dafür eignen sich nur wenige Formen, da die Winter bei uns doch recht lang und kalt sind. Vor allem der einfache Goldfisch, der japanische Goldfisch oder Wakin, der Shubunkin und der Kometschweif sind für einen Daueraufenthalt im Teich gut geeignet.

Sommeraufenthalt: Auch allen anderen Rassen tut ein Aufenthalt im Freien zumindest im Sommer sehr gut. Für sie sind besonders kleine Teiche mit einem Wasserstand von ungefähr 40–50 cm geeignet, die sich rasch erwärmen. Im Herbst, wenn die Wassertemperatur auf 15°–16° C sinkt, werden sie wieder vorsichtig in ein Aquarium umgesetzt.

Vor allem Formen mit langen Flossenschleppen oder stark gestauchten Körpern sind langsame Schwimmer. Sie werden leicht eine Beute von jagenden Katzen. Daher ist der Teichrand so zu gestalten, daß Katzen keinesfalls an die Fische herankommen.

Der sommerliche Aufenthalt im Freien kräftigt die Fische ungemein. Ihre Farben werden unter dem Einfluß des starken Lichtes und der im Teich lebenden Wasserinsekten und kleinen Krebse, die ein wichtiges Beifutter darstellen, so intensiv, wie das im Zimmeraquarium nicht möglich ist. Die Tiere werden in der Regel auch größer als im Aquarium.

Hinweis: Im Gegensatz zu Zierkarpfen schädigen Goldfische die Wasserpflanzen eines Teiches nicht, so daß sie auch in gut bepflanzten Teichen gepflegt werden können.

Beliebte Goldfischrassen

Der Goldfisch und seine Rassen werden zwar im Zoofachhandel regelmäßig angeboten, die einfachen Formen hauptsächlich während der Teichsaison im Frühjahr, die Hochzuchtformen das ganze Jahr über, aber Sie müssen schon gewaltig suchen, wollen Sie wirklich gute Exemplare finden. Interessieren Sie sich für eine bestimmte Rasse, dann kann es vorkommen, daß Ihre Geduld auf eine harte Probe gestellt wird, denn es gibt längst nicht alle in Europa. Deshalb werden im Folgenden auch nur jene Rassen beschrieben, die wenigstens dann und wann bei uns zu finden sind.

Gewöhnlicher Goldfisch   Fotos Seite 20 und 38
Herkunft: China. Er wurde dort aus der Silberkarausche (Giebel) durch Auslese und konsequente Zuchtwahl gezüchtet (→ Die Entstehung des Goldfisches, Seite 5). Körperbau: Genau wie Stammform, langgestreckt, seitlich zusammengedrückt, etwas höher als breit, stromlinienförmig wie bei allen Wildfischen. Flossen: Nicht verändert. Färbung: Leuchtend rot, messingfarben oder mehrfarbig gefleckt. Kaliko-Goldfisch ist weiß mit großen roten Flecken und einer darübergelegten schwarzen Sprenkelzeichnung. Grundfarbe wirkt häufig blau. Sarasa-Goldfisch ist rot und weiß gefleckt.
• Beliebter robuster Teichfisch.

Japanischer Goldfisch oder Wakin
Herkunft: Japan. Körperbau: lang, spindelförmig, mit 30 cm Länge sehr groß und meist höher gebaut als chinesische Goldfische. Flossen: Rücken-, Brust- und Bauchflosse nicht verändert, Schwanzflosse zum Teil zu drei oder vier Spitzen ausgezogen oder geringfügig verlängert. Färbung: Rot, rot und weiß gefleckt oder reinweiß.
• Guter Teichfisch.

Verschiedene attraktive Goldfischrassen.   ▷
Oben links: Sarasa-Ryukin; oben rechts: Sarasa-Ryukin; Mitte links: Perlschupper; Mitte rechts: Blasenauge; unten links: Nasenbukett; unten rechts: Eierfisch.

Die beliebtesten Goldfischrassen

Yamagata-Goldfisch oder Yamagata-Kingyo
Herkunft: Japan. Körperbau: Kompakt, massiger als der gewöhnliche Goldfisch. Flossen: Alle Flossen sind verlängert, Schwanzflosse mit zwei oder drei Spitzen. Färbung: Rot oder rot und weiß gefleckt.
• Sehr guter Teichfisch.

Rotgefleckter Kaliko oder Shubunkin   Foto Seite 20
Herkunft: Japan. Körperbau: Langgestreckt wie der gewöhnliche Goldfisch. Flossen: Alle Flossen sind normalerweise verlängert, Rückenflosse entspricht gelegentlich der Stammform. Schwanzflosse langgezogen schleierartig, zweizipfelig. Färbung: Grundfarbe weiß, gelegentlich blau. Mit roten, gelben, schwarzen und grauen Flecken.
• Hervorragender Teichfisch.

Kometschweif   Foto Seite 20
Herkunft: China. Körperbau: Wie gewöhnlicher Goldfisch, gelegentlich massiger und höher. Flossen: Alle Flossen verlängert, Rückenflosse höher. Schwanzflosse sehr lang, oft länger als der Körper, mit zwei stark ausgezogenen Spitzen, die gleichlang sind. Färbung: Meist einheitlich rot. Gelegentlich auch gelb, rot und weiß gefleckt oder schwarz.
• Hervorragender harter Teichfisch.

Schleierschwanz oder Ryukin   Fotos Seite 19 und 47
Herkunft: China. Körperbau: Eiförmig gedrungen. Flossen: Alle Flossen sind lang ausgezogen. Die Rückenflosse ragt einer Fahne gleich hoch auf. Afterflosse doppelt. Die Schwanzflosse bildet eine lange Schleppe und ist stets auf ihrer vollen Länge zweigeteilt. Ihr Hinterende ist entweder gerade oder eingebuchtet (in diesem Fall ist die Schwanzflosse vierzipfelig). Färbung: Einheitlich rot, orange, weiß, schwarz oder mehrfarbig gefleckt. Kaliko-Schleierschwanz wie → Kaliko-Goldfisch. Rotkäppchen oder Tancho ist weiß mit einem roten Fleck auf dem Kopf.
• Schleierschwänze erreichen die volle Schönheit nach etwa vier Jahren.

◁ Verschiedene beliebte Goldfischrassen.
Oben links: Rotes Teleskopauge; oben rechts: Kaliko-Teleskopauge; unten links: Himmelsgucker; unten rechts: Schwarzes Teleskopauge.

• Sie sind recht empfindliche Tiere, die mindestens 15° C, besser noch 18° C benötigen und erst ab 20° C richtig munter werden.
• Sie können daher nur im Sommer in einem flachen Teich gepflegt werden. Sie fühlen sich im geräumigen Aquarium wohler.

Tosa-Goldfisch oder Tosakin
Herkunft: Japan. Körperbau: Wie Schleierschwanz, Schnauzenpartie aber spitzer. Flossen: Wie Schleierschwanz. Der Schwanzflossenrand ist wellenförmig nach vorn umgeschlagen, was zur Fächerform führt. Färbung: Rot, mit weißem Hinterrand der Schwanzflosse.
• Empfindlich; sollte wie Schleierschwanz im Aquarium gepflegt werden.

Watonai-Goldfisch, Watonai
Herkunft: Japan. Entstanden aus Kreuzung zwischen Wakin und Schleierschwanz. Körperbau: Langgestreckt, spindelförmig. Flossen: Alle Flossen sind verlängert. Schwanzflosse vollgeteilt (= vierzipfelig), oder dreizipfelig. Färbung: Rot, weiß oder rot und weiß gescheckt.
• Harte Goldfischrasse, gut für Teichhaltung.

Perlschupper oder Chunshuyui   Fotos Seite 20 und 47
Herkunft: China. Körperbau: Eiförmig, wie Schleierschwanz. Schuppen sehen aus, als ob man Perlen halbiert und auf die Haut gesetzt hätte. Verliert der Perlschupper einzelne Schuppen durch eine Verletzung, wachsen normale Schuppen nach. Flossen: Nur wenig verlängert. Afterflosse doppelt, Schwanzflosse vierzipfelig. Färbung: Körper rot und weiß gefleckt, Flossen weiß.
• Empfindlicher Fisch, nur im Aquarium halten.

Teleskopschleierschwanz oder Demekin   Foto Seite 48
Herkunft: China. Körperbau: Kurz und eiförmig wie beim Schleierschwanz. Die Augen sind stark vergrößert und treten teleskopartig aus den Höhlen. Sie sind nach vorn gerichtet und reichen im Idealfall bis zur Schnauzenspitze. Augendurchmesser 12–15 mm. Flossen: Wie beim Schleierschwanz. Färbung: Rot, schwarz oder Kalikofarben (→ Kaliko-Goldfisch, nebenstehend).
• Teleskopfische sind empfindlich und sollten nicht mit schnellen einfachen Goldfischrassen zusammen gehalten werden. Man pflegt sie im Aquarium.

Die beliebtesten Goldfischrassen

Himmelsgucker, Celestial oder Chotengan
Foto Seite 48
Herkunft: China. Körperbau: Ähnlich Schleier-
schwanz, aber etwas gestreckter. Augen treten stark
hervor, sind aber nicht nach oben gerichtet. Flossen:
Nur mäßig verlängert, Schwanzflosse geteilt. Rük-
kenflosse fehlt. Färbung: Rot oder Kalikofarben
(→ Kaliko-Goldfisch, Seite 49).
• Empfindliche, wärmeliebende Goldfischrasse, die
nur im Aquarium gepflegt werden sollte.

Drachenauge
Herkunft: China. Körperbau: Kurz und eiförmig wie
beim Schleierschwanz. Augen wie beim Teleskop-
schleierfisch vergrößert, Durchmesser etwa 12 mm.
Sie sind nicht nach vorn oder oben gerichtet, sondern
treten seitlich hervor, haben normale Augenstellung.
Flossen: Flossen verlängert, aber nicht so stark wie
beim Schleierschwanz. Schwanz- und Afterflosse verdoppelt. Färbung: einheitlich rot oder kalikofarben
(→ Kaliko-Goldfisch, Seite 49).
• Drachenaugen sind empfindlich; zusammen mit
langsamen Formen im Aquarium halten.

Blasenauge oder Suihogan   Foto Seite 47
Herkunft: China. Körperbau: Wie beim Himmelsgucker, mäßig gestaucht. Augen nach oben gerichtet,
nicht vergrößert. Unter dem Auge befindet sich eine
große, flüssigkeitsgefüllte Blase, die beim Schwimmen hin- und herwackelt und stets zu platzen droht.
Flossen: Wie Himmelsgucker. Färbung: Rot.
• Das Blasenauge ist die empfindlichste Goldfischrasse. Nur im Aquarium unter seinesgleichen halten.

Pfauenhahnschwanz oder Jikin
Herkunft: Japan. Körperbau: Eiförmig wie beim
Schleierschwanz, nicht so stark komprimiert. Flos-
sen: Nur mäßig verlängert, Schwanzflosse verdop-
pelt, steht vom Körper nach beiden Seiten senkrecht
ab, erinnert an radschlagenden Pfau. Färbung:
Grundfarbe silbrig weiß; Flossen, Kiemendeckel und
Augen rot.
• Gehört zu den wertvollsten Goldfischrassen, ist
wärmeliebend und nur für das Aquarium geeignet.

Eierfisch oder Marco   Fotos Seite 20 und 47
Herkunft: China. Körperbau: Gestaucht, eiförmig,
Rücken gewölbt. Wirbelsäule im Bereich der
Schwanzflosse geknickt. Flossen: Nicht verlängert,
Schwanzflosse geteilt. Rückenflosse fehlt. Färbung:
Rot. Der Eierfisch ist ein langsamer Schwimmer,
wärmeliebend und nur für das Aquarium geeignet.

Weißer Eierfisch oder Nankin
Herkunft: Japan. Körperbau: Wie Eierfisch. Flossen:
Wie Eierfisch. Färbung: Weißer Körper. Kiemendek-
kel und Flossenansatz rot, Flossen sonst rosa. Auch
Augen können rot sein.
• Ist empfindlich und nur für das Aquarium geeignet.

Büffelkopf (auch Löwenkopf) oder Ranchu
Fotos Titelseite und Seite 10
Herkunft: Unklar, China oder Japan. Körperbau:
Wie Eierfisch. Im Alter von 3 Monaten entsteht eine
Kappe aus einer gutartigen Hautgeschwulst am Kopf.
Sie reicht von der Stirn bis zum Kiemendeckel und
zum Auge. Dieser Kappe verdankt der Büffelkopf
sein »bulliges« Aussehen. Erreicht etwa 18 cm Ge-
samtlänge. Flossen: Wie beim Eierfisch. Färbung:
Rot oder rot-weiß gefleckt.
• Selten in Europa. Nur für das Aquarium geeignet.

Holländischer Löwenkopf oder Oranda Shishigashira
Fotos Seite 10 und 20
Herkunft: China. Körperbau: Ähnelt sehr stark dem
Schleierschwanz (→ Seite 49), ist aber etwas länger.
Wohl größte Goldfischrasse, bis zu 60 cm Gesamt-
länge (Flossen eingeschlossen). Weist auf dem Kopf
eine Hautwucherung auf (wie der Büffelkopf, aber
nicht ganz so ausgeprägt). Flossen: In Form und
Größe entsprechen sie dem Schleierschwanz. Fär-
bung: Meist einfarbig rot, gelb oder schwarz. Es gibt
auch weiße Orandas mit roten Tupfen auf jeder Schup-
pe und Kalikos (→ Kaliko-Goldfisch, Seite 49).
• Eine der schönsten Formen nur für das Aquarium.
Wärmeliebend, im Winter nicht unter 18° C.

Shukin, Herbstkaliko
Herkunft: Japan. Körperbau: Wie Holländischer Löwenkopf. Flossen: Wie Holländischer Löwenkopf,
die Rückenflosse fehlt aber. Färbung: Rot oder Kaliko (→ Kaliko-Goldfisch, Seite 49).
• Selten, nur für Aquarium, nicht für Teich.

Kois — eine Auswahl

Kois kommen aus Japan (→ Wie der Koi entstand, Seite 6). Im Gegensatz zum Goldfisch, wo sie auch mit Formen spielten, ließen die Japaner die ursprüngliche schlanke Wildkarpfenform jedoch unangetastet. Heute noch muß ein guter Koi zwar kräftig, aber doch schlank gebaut sein, im Gegensatz zu den deutschen Zuchtformen, dem Spiegel- und Lederkarpfen, die massig, eben auf Fleisch gezüchtet sind. Beim Koi kam es den Japanern darauf an, Farbspielarten herauszubilden. Auf den Seiten 52 und 53 finden Sie die Beschreibungen der Kois, die bei uns zu bekommen sind.

Warum schöne Kois noch selten sind

Leider gibt es in Europa immer noch keine Koi-Tradition. Wirklich schöne Zierkarpfen sind rar, weil zu wenig Auslese bei den Zuchttieren betrieben wurde und bei Importen nach wie vor wegen der hohen Preise schlechte Qualität in Kauf genommen wird. Dies scheint sich erfreulicherweise zu bessern, so daß der Liebhaber nach und nach immer mehr gute, das heißt den japanischen Vorstellungen entsprechende Tiere findet, wenn auch erst nach längerer Suche.

Die nur zögernde Verbreitung der Kois in Europa liegt daran, daß sie aufgrund ihrer Größe – sie werden bis zu 60 cm lang – für das Aquarium nicht geeignet sind. Nur Jungfische kann man dort halten. Außerdem zeigen Kois ihre wahre Schönheit nur, wenn man von oben auf sie schaut. Erst jetzt, wo mehr und mehr Menschen einen Gartenteich anlegen, finden Zierkarpfen auch bei uns ihre Liebhaber.

Spezielle Tips für die Haltung

Ganzjährig im Teich: Kois sind allesamt winterhart und können unter der Eisdecke des Teiches die kalte Jahreszeit verbringen. Sie liegen dann an der tiefsten Stelle des Teiches alle zusammen auf dem Boden und ruhen dort. In unseren Breiten muß man dafür einen Teil des Gartenteiches 1,5 bis 2 m tief ausschachten. Es genügt schon eine Fläche von 1 qm. Nicht größer machen, da sich Ihre Kois sonst auch im Sommer dort häufig aufhalten, so daß Sie von ihnen nicht allzuviel sehen.

Überwinterung im Haus: Wenn Sie Ihren Zierkarpfen eine solche Tiefstelle im Gartenteich nicht anbieten können, empfiehlt es sich, die Tiere den Winter über in einer Kunststoffwanne im Keller oder in einem anderen frostfreien Raum zu pflegen. Versorgen Sie sie über eine Membranpumpe mit Luft und filtern Sie mit einem motorgetriebenen Topffilter. Wechseln Sie auch in gewissen Zeitabständen einen Teil des Beckenwassers. Die entsprechenden Kunststoffwannen aus glasfaserverstärktem Polyesterharz werden heute in der Industrie und in Gärtnereien viel verwendet. Man erhält sie beispielsweise bei Raiffeisengenossenschaften. Für einen großen Koi sollten Sie jeweils mit 100 bis 120 l Wasser rechnen. Halten Sie die Fische so kühl wie möglich (12° C), so daß Sie wenig füttern müssen. Sobald die Wassertemperatur im Teich auf dieselbe Höhe angestiegen ist, bringen Sie sie wieder nach draußen. Auf Temperaturausgleich achten!

Handzahm machen

Kois werden recht zahm und kommen, an eine bestimmte Futterstelle gewöhnt, auf Händeklatschen oder das Läuten eines Gongs dorthin. Die Japaner trainieren ihre Tiere regelrecht, indem sie sich zunächst zwei Tage lang den frisch eingesetzten Zierkarpfen behutsam nähern, ohne sie zu füttern. Am dritten und vierten Tag bewegen sie vorsichtig ihre Hände im Wasser, um die Aufmerksamkeit der Fische zu erregen. Erst am fünften Tag werfen sie etwas geschnittenes Gras auf die Oberfläche, und wenn die Tiere daran herumzupfen, geben sie etwas Futter dazu – nur soviel, wie sofort gefressen wird. Wenn Sie dies zwei- oder dreimal am Tag machen und zuvor leicht in die Hände klatschen, kommen die Kois bald auf dieses Zeichen hin und gewöhnen sich sogar daran, das Futter aus der Hand zu nehmen.

Kois — eine Auswahl

Zierkarpfen-Varietäten

Zierkarpfen gruppiert man nach Farbschlägen und verwendet ihre japanischen Namen. Da die Koi-Pflege bei uns erst seit einigen Jahrzehnten möglich ist, gibt es noch keine deutschen Namen. Indessen haben unsere deutschen Spiegel- und Lederkarpfen die japanischen Züchtungen beeinflußt. Sie sind nämlich die Ahnen von Kois, die entweder gar keine Schuppen oder große Spiegelschuppen haben. Diese Formen werden bei den Japanern mit dem Zusatznamen »doitsu« (= deutscher Karpfen) bezeichnet. »Doitsu« dürfen ihre Spiegelschuppen nicht unregelmäßig über die Haut verstreut haben, sondern in Reihen etwa entlang der Seitenlinie oder des Rückenkamms. Alle Zierkarpfen besitzen im Gegensatz zu vielen Goldfischrassen die schlanke Körperform des Wildkarpfens. Ihre volle Schönheit entwickeln sie erst im Alter von drei Jahren oder noch später. Zierkarpfen wirken tatsächlich am schönsten, wenn man sie von oben betrachtet.

Einfarbige Zierkarpfen

Sie sollten am ganzen Körper nur eine einzige Farbe besitzen. Die Flossen haben dieselbe Farbe oder sind farblos.
Lediglich die Schuppen dürfen durch Guanin-Einlagerung einen Perlmuttglanz aufweisen, so daß sie im Licht wie Funken zu sprühen scheinen. Solche Fische erhalten dann den Namenszusatz Ginrin oder Gin-Lin (= silber-phosphoreszierend). Einfarbig nennt man auch solche Zierkarpfen, die bei einer vorherrschenden Grundfarbe ein leichtes Farbspiel aufweisen (zum Beispiel grünlichgelbe Grundfarbe mit leichten Übergängen nach Gelb oder schwachem Orange).
Zu den einfarbigen Kois gehören:
Shiro Muji (shiro = weiß): Einfarbig weißer Koi.
Aka Muji (aka = rot): Einfarbig roter Koi.
Ki-Goi: Einfarbig gelber Koi.
Karasu Goi: Rabenschwarzer Koi

Ohgon (= Gold)
Fotos Umschlagseite 2, Seite 37
Zierkarpfen, deren ganze Körperoberfläche einen auffallenden Metallglanz aufweist. Sind die Schuppenränder etwas heller als ihre Mitte, so ergibt sich ein überaus reizvolles Netzmuster. Nicht alle Ohgon sind tatsächlich goldgelb.
• Yamabuki-Ohgon – goldgelbe Fische.
• Orenji-Ohgon – metallisch orange-farben.
• Purachina-Ohgon – der »Platin-Koi« ist am ganzen Körper silber- beziehungsweise platinfarben.

Matsuba (= Tannenzapfen-Koi)
Foto Umschlagseite 2
Zierkarpfen, bei denen das Schuppenzentrum dunkelbraun oder dunkelgrau gefärbt ist und die Ränder rot, gelb, golden oder weiß. Kopf und Flossen hingegen sind einheitlich in der Grundfarbe, die auch den Namen des Fisches bestimmt:
• Ki-Matsuba – gelb mit braun (oder grau).
• Kin-Matsuba – gold mit braun (oder grau).
• Aka-Matsuba – rot mit braun (oder grau).

Kin-Kabuto (= Goldhelm)
Braunbeschuppter Koi, dessen Flossen, Rückenstrich und Kopfzeichnung golden sind.

Koshi No Hisuko
Körper und Flossen haben bei ihm eine gelbe bis gelb-orangene Farbe, wobei der Rücken leicht ins Grünliche übergeht. Wird dennoch zu den einfarbigen Kois gerechnet.

Zweifarbige Zierkarpfen

Die einzelnen Farbflecken sind klar voneinander abgegrenzt und sollten sich nicht vermischen, so daß die Fische ausgesprochen plakativ wirken.

Kohaku
Fotos Umschlagseite 2, Seite 9 und Rückseite
Fische mit weißer Grundfarbe und roten Flecken. Das Rot sollte so intensiv sein wie möglich, die einzelnen roten Flecken dürfen nicht zu klein sein.

Kois — eine Auswahl

Die Flossen sind stets weiß. Ideal sind Fische mit zwei Flecken (einer auf Kopf- und Stirnregion, ein größerer auf dem Rücken), mit drei Flecken (auf Kopf, Rücken und Schwanzstiel) oder einem durchgehenden zickzackförmigen Band vom Kopf bis zum Schwanzstiel. Sonderformen sind:
• Tancho-Kohaku (= Rotkäppchen; »Tancho« kommt von der roten Kopfzeichnung des japanischen Kranichs). Nur ein roter Fleck auf dem Kopf, der übrige Körper ist einheitlich weiß.
• Kuchibeni-Kohaku (= Lippenstift-Kohaku) – haben einen klar vom übrigen Rot abgegrenzten kleinen roten Fleck an der Oberlippe.

Bekko
Foto Umschlagseite 2
Zweifarbige Kois mit unterschiedlicher Grundfarbe und klar abgegrenzten schwarzen Flecken.
• Shiro-Bekko – schwarze Flecken auf weißem Grund. Ist relativ häufig bei uns zu finden.
• Ki-Bekko – schwarze Flecken auf gelbem Grund.
• Aka-bekko – schwarze Flecken auf rotem Grund.

Utsuri
Foto Umschlagseite 2
Zweifarbige Zierkarpfen mit schwarzem Grund und hellen Flecken in unterschiedlichen Farben. Die Grundfarbe sollte möglichst samtschwarz sein. Werden sehr selten bei uns angeboten.
• Shiro-Utsuri – weiße Flecken auf schwarzem Grund.
• Ki-Utsuri – gelbe Flecken auf schwarzem Grund.
• Hi-Utsuri – rote Flecken auf schwarzem Grund.

Asagi   Foto Seite 37
Der Asagi weist stets die volle Beschuppung des Wildkarpfens auf. Seine Grundfarbe ist blaugrau, die Schuppenränder sind etwas heller als die Mitte und bilden ein Netzmuster. Kopf einheitlich grau. Entlang der Bauchseite zieht sich ein leuchtend orangefarbenes Band. Kiemendeckel und Flossen sind orangefarben.

Shusui (= Herbstliches Wasser)
Fotos Umschlagseite 2 und Seite 37
Der Shusui ist stets schuppenlos oder weist wenige große Spiegelschuppen auf, die in sauberen Reihen entlang des Rückenkammes oder der Seitenlinie angeordnet sind. Blaue Grundfarbe wie beim Asagi, kein Netzmuster. Bauchseite ebenfalls dunkelorange, oft ein zweiter orangefarbener Strich auf den Flanken.
Shusui werden häufiger eingeführt.
Sonderform:
• Hi-Shusui – das Rot ist sehr ausgedehnt und bedeckt fast die ganzen Flanken und die Bauchseite.

Hariwake
Fische mit mehr oder weniger silberweißem Grund und unregelmäßig verteilten, auch nicht ganz klar abgegrenzten Flecken. Sie sind bei uns relativ häufig und preiswert.
• Yamabuki-Hariwake – Flecken sind eher gelborange.
• Oranje-Hariwake – Flecken sind dunkelorangefarben.

Dreifarbige Zierkarpfen

Die vorgestellten dreifarbigen Zierkarpfen weisen die Farben Weiß, Rot und Schwarz auf. Diese sind klar voneinander abgegrenzt und fließen nicht ineinander. Sie gehören alle zum Typ des

Sanshoku (oder Sanke)
Foto Umschlagseite 2
• Taisho-Sanshoku – Fische mit weißer Grundfarbe, auf dem Rücken rote und schwarze Flecken.
Sonderformen:
• Tancho-Sanshoku – hat nur einen roten Fleck auf dem Kopf (→ Tancho-Kohaku); auf dem Rücken lediglich schwarze Flecken.
• Aka-Sanshoku – die Grundfarbe Weiß ist auf die Flanken und den Bauch beschränkt, Rücken nur schwarz-rot gefleckt.
• Showa-Sanshoku – Fische mit schwarzer Grundfarbe, auf dem Rücken weiße und rote Flecken.

Arten- und Sachregister

Lebensraum Wasser

Ein Aquarium oder Terrarium bringt eine Fülle faszinierender Erlebnisse mit sich. Für die artgerechte Haltung und Pflege der „Bewohner" ist fundiertes Wissen von Anfang an jedoch unerläßlich. Die GU Ratgeber machen deutlich, worauf es ankommt: Experten geben präzise Anleitungen und nützliche Tips. Dazu gibt es bildschöne Farbfotos.

Weitere Titel aus dieser Reihe:
- ◆ Aquarienfische züchten
- ◆ Buntbarsche/Cichliden
- ◆ Goldfische und Kois
- ◆ Killifische
- ◆ Echsen als Terrarientiere
- ◆ Schlangen

Ulrich Schliewen

DER GROSSE GU RATGEBER

WASSERWELT AQUARIUM

300 Süßwasserfische und Pflanzen in Gesellschafts-, Art- und Biotopaquarien. Experten-Rat fürs Einrichten, Bepflanzen, Pflegen und Züchten.

GU GRÄFE UND UNZER

▌ DM 39,–

▌ DM 19,80

▌ DM 12,80
Ideal für Einsteiger.

▌ DM 19,80
Erscheint im Herbst '92.

▌ DM 14,80

Mehr draus machen. Mit GU. GU GRÄFE UND UNZER

Register, Adressen und Literatur

Fischgesundheitsdienste

Staatl. Tierärztliches Untersuchungsamt FGD, Azenbergstr. 16, 70174 Stuttgart, Tel. 07 11/20 23-3 52
Tierhygienisches Institut – FGD, Am Moosweiher 2, 79108 Freiburg, Tel. 07 61/1 60 11
Tiergesundheitsdienst Bayern e. V., Fachabteilung Fischgesundheitsdienst, Senator-Gerauer-Str. 23, 85586 Grub, Post Poing, Tel. 0 89/9 09 12 62
Staatlicher Fisch-Seuchenbekämpfungsdienst Niedersachsen und Fischgesundheitsdienst, Eintrachtweg 17, 30173 Hannover 1, Tel. 05 11/28 11 12

Bezugsquelle

SAKANAYA, Deutschlands erste Adresse für japanische Kois und Schleierschwanzgoldfische.
SAKANAYA München Fischwirtschaftsmeister Robert Hibble, Geiselwieser Str. 2. 85235 Odelzhausen Tel. 0 81 34/75 17
SAKANAYA Bodensee Fischwirtschaftsmeister Richard Hibble, Waldhornstr. 8 88677 Marktdorf Tel. 0 75 44/85 89

Bücher, die weiterhelfen

Falls einige der genannten Bücher im Buchhandel nicht mehr erhältlich sind, werden Sie sie in der Regel in Bibliotheken bekommen.

Amlacher, E.: *Taschenbuch der Fischkrankheiten*. Gustav Fischer Verlag, Stuttgart
Bassleer, G.: *Bildatlas der Fischkrankheiten*. Neumann-Neudamm Verlag, Melsungen
Brünner, G.: *Handbuch der Aquarienpflanzen*. Kosmos Verlag, Stuttgart
Engelhardt, W.: *Was lebt in Tümpel, Bach und Weiher*. Kosmos-Verlag, Stuttgart
Jansen, A.: *Pflanzen für den Gartenteich*. Gräfe und Unzer Verlag, München
Mühlberg, H.: *Das große Buch der Wasserpflanzen*. Verlag Werner Dausien, Hanau
Paffrath, K.: *Bestimmung und Pflege von Aquarienpflanzen*. Landbuch-Verlag, Hannover
Penzes, B./Tölg, I.: *Goldfische und Zierkarpfen*. Eugen Ulmer Verlag, Stuttgart
Piechocki, R.: *Der Goldfisch und seine Varietäten*. Neue Brehm-Bücherei, Urania, Leipzig
Scheurmann, I.: *Aquarium für Süßwasserfische und Pflanzen*. Gräfe und Unzer Verlag, München
Schliewen, U.: *Großer GU Ratgeber Wasserwelt Aquarium*. Gräfe und Unzer Verlag, München
Stadelmann, P.: *Der Gartenteich*. Gräfe und Unzer Verlag, München
Stadelmann, P.: *Großer GU Ratgeber Gartenteich*. Gräfe und Unzer Verlag, München
Takeshita, G. Y.: *Koi for Home and Garden*. T. F. H.-Publ. Inc., Neptune-City, 1969
Wachter, K.: *Der Wassergarten*. Eugen Ulmer Verlag, Stuttgart
Wilke, H.: *Der Naturteich im Garten*. Gräfe und Unzer Verlag, München

Zeitschriften

DATZ, vereinigt mit *Aquarienmagazin*. Die Aquarien- und Terrarien-Zeitschrift. Eugen Ulmer Verlag, Stuttgart
TI. Tetra Verlag, Melle.

Deutscher »Japan-Teich« ▷